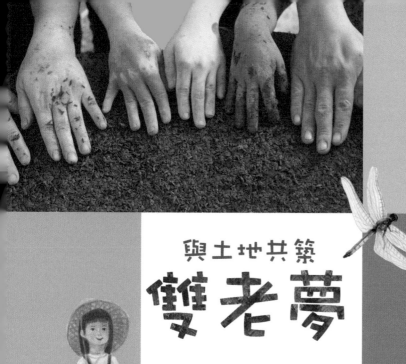

與土地共築
雙老夢

"孵一塊喜樂的小田田"

喜樂家族基金會 著

Chapter 1 不把孩子藏起來 *24*

我們堅持不把孩子藏起來,積極把孩子們帶出去,走入人群做公益,用生命感動生命。

Chapter 2 喜樂兒夢想家 *44*

隨著父母與孩子逐漸雙老,開始面臨長照和安養的課題,我們期望籌建一座健康、友善、並且能自給自足的雙老家園。

Chapter 3 不用很強才開始 *62*

2017 年 6 月,我們帶領喜樂家族的孩子和家長們前進石碇山城,開始實踐協力造屋的夢想。

聖誕節曾受邀參加喜樂家族的音樂會，爸爸、媽媽帶著唐寶寶、自閉症等孩子們演出時熱情洋溢，自信可愛，令人激賞。如果他們做得到，應該沒有人可以說做不到。勇敢，是他們共同的名字。

余湘｜媒體教母

保羅說：「如今常存的有信，有望，有愛這三樣，其中最大的是愛。」（林前 13:13）。這不是講將來，是講現在，不是講理想或理念，乃是講這是我們在今天就可以看見，可經歷的經驗。在這二十年中我親眼看見神在喜樂家族當中的作為。因著信心我們看見神為喜樂家族行了許多的大事，也因著信心，讓我們經歷了神的愛有形有體地彰顯在我們的當中。

區永亮｜臺北靈糧堂主任牧師

喜樂家族服務殊家庭二十年了！二十年足以讓一個孩子長成青年，青年變成中年，而中年也邁入老年。我們推動「雙老」的理念，籌建親子可以一起生活的雙老終身安養農場，一直是我們的夢想。而「喜樂小田田」計畫便是我們踏出的第一步。原本一座近乎廢棄、位於石碇深山的荒蕪土地，因著許多家長、老師和志工的投入，一起協力打造這塊實驗基地。我們依稀看到這個夢想即將實現。

陳建信｜永光化學董事長、喜樂家族社會福利基金會董事長

一群孩子，在幾位家長、數位志工、一群老師的陪伴下，利用大自然的素材，一起料理簡單卻可口的午餐與點心，這一幕令人動容，這不就是幾十年來，家長心中不斷重複的夢想嗎？在喜樂小田田，它不再只是空想，而是一磚一瓦逐漸實踐的伊甸園。

陳誠亮 | 國立臺灣大學教授、中華民國智障者家長總會理事長

　　回想兩年前，第一次由海泙的帶領，進到這個場域，只記得一個強烈感覺：這樣的場地任其荒廢著，太可惜！於是決定支持並促成，用 Permaculture 的理念、方法重建的計劃。於是，一磚一瓦、一步一腳印地竟就走了兩年。這是個追夢的過程，充滿汗水、寫滿喜怒哀樂的夢故事。美夢成真了！現在就讓這個美夢，來療癒大家吧。願大家都在這裡找到自己的夢。

黃盛璘 | 臺灣園藝輔助治療協會創會理事長

　　世人都在追求「喜樂」，但往往過了大半輩子，卻始終遍尋不著。然而，以喜樂為名的「喜樂家族」，二十年來陪伴著特殊兒童家庭，卻能不斷創造出喜樂的經歷與故事。他們怎麼辦到的？看著書本中每一張笑盈盈的臉龐，相信你也能找到答案。

黃璥寧 | 馬偕兒童醫院主治醫師

　　認識喜樂家族的時間雖然不長，卻深深地被這二十年的歷程給觸動。在聖經裡，當門徒們看見一個天生瞎眼的人，問耶穌說：「是誰犯了罪？是這人呢，是他父母呢？」耶穌回答說：「既不是這個人犯了罪，也不是他的父母犯了罪，而是要讓神的作為顯明在他身上。」我認為這與喜樂家族「不把孩子藏起來」的理念有極美的呼應，這些孩子們不僅不是上帝的錯誤，更是上帝的器皿，透過他們與彼此生命影響生命的過程，讓上帝的愛得以彰顯。更透過他們的喜樂，尤其在這動盪的時刻，為社會提供最有效的良藥。

劉安婷｜為臺灣而教基金會創辦人

　　喜樂家族二十歲的紀念專書，描述了 2017 年 6 月喜樂前進石碇山城後的山居歲月，內容精彩感人。印象最深刻的是百人伴喜樂兒協力造屋，讓喜樂兒學習如何與另一個人合作，累積自我實現的體驗，在喜樂小田田土地上播下了未來成長的種子。本書將喜樂石碇山城許多不為人知的故事、精彩曝光，例如書中提到喜樂小田田的可食地景，到家人的關係花園孕育了很多可能性，應該就是潘牧師長久以來一直想要推動的雙老家園構想的理念，從本書中可以了解更多並獲得許多啟發，值得一讀再讀。

潘進丁｜全家便利商店集團會長

與神相會之所

周神助、周巽正 聯合推薦
靈糧全球使徒性網絡主席、臺北靈糧堂執行牧師

「喜樂家族」走過二十個年頭了，「篳路藍縷，以啟山林」是一路以來的寫照。在創始人潘秀霞牧師及開始的幾位家長，懷抱意象與使命，憑藉著堅毅的信心和忍耐，倚靠神所賜的創新能力、突破困難的智慧，以及團隊營運的治理藝術，喜樂家族如今已逐漸長大成熟，現更是開疆拓土，向左向右開展。就像《詩篇》卅七篇 23 ～ 25 節所說的：「義人的腳步被耶和華立定；他的道路，耶和華也喜愛。……因為耶和華用手攙扶他。我從前年幼，現在年老，卻未見過義人被棄……。」因為尋求耶和華的，什麼好處都不缺。

在穹蒼為幕，屋頂為台的石碇喜樂小田田家園，成為特殊兒、家長、教師、志工們身心療癒的世外桃源，可以休憩，可以是揉落眼淚的療傷之處，更可以是與神相會之所，每一位在神面前都是奔放翱翔的善良天使。在這疫情侵襲的時節，這裡更像是神早就預備，也是特別保留下來的人間美境。透過作者以田園詩篇般的筆觸，彷彿也要帶領讀者進行鍛鍊與成長一步步的生命旅程。

是的，只要活著，人生就有出路，因為耶穌宣告說：「我就是道路、真理、生命。」（約十四 6）主耶穌不只是告訴我們路徑，祂更是真理、是生命，是我們得著真理和生命的唯一道路。

泉源之地

張文亮
國立臺灣大學生物環境系統工程學系教授
金鼎獎科普作家

天上有個主旋律，
地上有個呼應的練習曲。
這本書是一群人的練習曲，
讀來是美麗的詩篇，篇篇是非常有趣且感人的共奏。
例如有
「野地菜市場」、「炭盆裡的棉花糖」、
「與小狗鴨仔作朋友」、「與土地共築雙老夢」等，
尤其是「喜樂小田田」，更是喜悅的高潮。

　　這是一本一群父母與他們的特殊孩子的合奏，他們一起做事、走到戶外，從事手工、種植植物、挖建生態池、建造土窯、土灶、土椅子等的故事。

　　他們組成一個充滿愛心與活力實踐的團體——「喜樂家族」，互相合作，彼此勉勵，親手作工。讓孩子活出屬他們的色彩，得到該有的尊重，能在群眾中有參與，有貢獻，甚至

勉勵同伴。

　　孩子跨出舒適圈，父母走出失落與難過，一起帶著盼望，喜樂的跨出如同書中所提「從小地方且能力所及之處開始做起」、「在小事中也能發現許多樂趣」，結果獲得的是孩子有療癒、有滿滿的愛。

　　書中提到他們是有計劃的陪孩子跨出，也在計劃中不斷地修改，不斷地等待，不斷地得到成長的動力，與滿足的成就感。

　　這是他們二十年來，一起帶孩子同行的記錄，如果在商場打拼，可以賺多少錢；如果在工作努力，可以得到多少升遷；如果在嗜好追求，可以得到多少個人滿足。他們卻另有一個選擇，與他們的孩子在石碇的山區，一同工作，共譜一道道感人肺腑的歡呼音符，有如童話般的夢幻，又有遇到挫折不退後的熱情，與給孩子機會表現的堅持。

　　書中有許多父母的心得記錄，如「教授爸爸和唐寶寶」、「女兒的婚紗照」、「選擇相信，人生峰迴路轉」等，顯出生命在苦難中的韌性，與上帝給他們獨特道路與獨特恩典。

　　這書的總結，在起頭不是在探討苦難的答案，不是追究誰該負責，而是「阮攏是上帝的心肝寶貝仔」。難得一見的好書，是流淚谷，也是泉源之地。

生命中隨時可見的喜悅與感恩

陳守煌
平安恩慈國際法律事務所所長

「愛是在別人的需要上看到自己的責任」、「愛是因別人的需要願意捨下自己的需要」，二十年前靈糧堂幾位牧者及弟兄姊妹看到唐氏症、自閉症等心智障礙的孩子們及家長的需要，成立「喜樂家族基金會」，堅持以愛陪伴、教導，「不把孩子藏起來」的單純信念，讓無數特殊孩子的家庭走入人群，融入社會。

二十年在永恆時光中雖屬驚鴻一瞥，但悠悠歲月蘊涵著篳路藍縷以啟山林的拓荒播種與繼往開來、承先啟後的殷勤耕耘，其中有汗水、血淚的辛酸、經驗的傳承，白雲蒼狗、滄海桑田的點滴，也訴說著歲月的風華與滄桑。

「壓傷的蘆葦祂不折斷，將殘的燈火祂不吹滅」，因著 上帝的恩慈，這些特殊的孩子參與喜樂家族的活動，接受訓練、栽培，而自信、愉悅，家長們明白「人生沒有太多的應該，只有感恩」、「人生沒有太多的擔心，只有交託

上帝」、「人生沒有太多的等待，只有把握現在」，較能卸下心中對孩子的煩憂，也體會上帝的大愛，能將人生的悲劇轉化成生活的凱歌，更瞭解 基督的信仰是心靈的平安、患難的堅定，是生命中隨時隨地可見的喜悅與感恩。

「春花可以凋謝，但不凋的是天地間的生機，蠟炬可以成灰，但不熄的是人世間的火種」，德蕾莎修女曾說對於這苦難的世界，我們沒有能力貢獻大愛，但我們可以施予小愛；陪同喜樂家族走過二十年歲月，今逢喜樂家族二十週年紀念專書《與土地共築雙老夢》出版，因著許多見證及感人的文章，心有所感乃為之序。

夢想開花：籌建雙老安養農場

2000 年，身為牧師的我，在一次探訪中，發現身邊的三個家庭都有一個特殊兒。後來得知，原來我們的社會中有不少這樣的孩子，只是礙於種種限制，他們被隱形了。

親眼目睹這種家庭承受的重擔，興起了成立支持團體的念頭，於是，召聚這三個家庭——1 個遲緩兒 +2 個唐寶寶 +3 個媽媽，彼此鼓勵，「喜樂家族」就這麼誕生。這二十多年來，在各方熱心人士奔走支持下，從一個小組開始逐步擴展，一路走到今天的局面，這真是超過我的想像。

喜樂家族服務的孩子，年齡都偏高，百分之九十都是高中畢業才來到這裡。原因是孩子在高中前會接受政府提供的學校教育，高中畢業以後，多數閒居在家，極少數能夠進入職場就業。雖然喜樂家族的孩子藉著每週安排的課程，都能按表操課，快樂學習；家長也樂於陪

伴，與孩子一同成長，但隨著光陰流轉，孩子逐漸老化、退化，家長也步入老邁，對於這些家長來說，心中最深的憂慮便是：「我走了以後，孩子怎麼辦？」

記得大概是七、八年前，起初那三個家庭其中一個媽媽，不幸罹患大腸癌。單親的她為了安置孩子，有一段時間，她四處奔波想要尋找一個合適的地方，但是比較好的地方都人滿為患，需要排隊等候。快離世前，她看著我說：「我等很久了……」

她看著我的那一幕，我永遠忘不了！也一直驅策著我，一定要籌建「雙老安養農場」。這是我們一直以來的夢想和信念，而她，來不及看到夢想開花。

什麼是雙老安養農場？

　　所謂「雙老安養農場」，就是為這群弱勢團體提供一個親子可以一起終老、安養的友善農場。我們當中有些父母離不開孩子，想要跟孩子一起慢慢變老；也有些父母覺得這輩子太累了，老了不想跟孩子一起生活。不管選擇何者，即使不跟孩子同住，父母也知道孩子未來是在哪裡，可以放心的把孩子託付出去。

　　多年來我觀察到，這些父母有了特殊兒之後，從他們出生一直帶到成年，再逐漸邁向老

年，這四、五十年來，生活都聚焦在這個孩子的教養上，希望孩子能夠適應社會環境，這樣的付出很多時候是非常疲累的。所以喜樂家族發展出日間照顧的「樂活補給站」，可以讓孩子的學習不中斷，父母也能稍微喘口氣。「星期天學校」則是親子共學，透過學習舞蹈、打擊樂、美術、田園創作、乒乓球等多元化的課程設計，讓父母跟孩子一起學習、一起成長。這是喜樂家族獨特之處，也是二十多年來的堅持。

過去，父母從來沒想到可以跟自己的特殊兒這樣共學，體驗過後，發現親子共學是非常愉快的。於是，我們把親子共學的概念帶進雙老安養裡，也就是未來在喜樂農場裡，親子可以一起安養、一起終老，這又是另外一種體驗。這種模式也跳脫和超越了過往傳統的想法，而且我們選擇在大自然的懷抱裡，用友善環境的方式，自己親手建造各項設施、耕種植栽，透過大自然的療癒力，讓父母得到滿滿的安慰。

　　三年前，我們開始在石碇山上一處借來的荒廢園地，實驗性的試辦喜樂小田田計畫，藉由各種多元的課程來了解計畫的可行性，一邊做一邊修正，也讓家長和孩子慢慢適應這種模式。我們廣招志工和家族成員一起在山上蓋土窯、土灶、土椅，可以烤披薩、烹煮食物；採用友善環境的方法，蓋雞舍、搭棚架；還引進永續生活設計和其他自然建築的概念，打造生態池；也辦過藍染、賞螢等活動。另外，也嘗試讓幾對家庭成員上山住宿，體驗三天兩夜的居家生活，嘗試的結果都得到非常正面的回應。

　　其實，剛提出這樣的構想時，許多家長並不以為然，他們認為：「這件事孩子做不來啦」、「孩子可能怕土啊、怕髒、怕鴨啊、怕狗啊……」；而且，特殊兒比一般人退化得更快、更嚴重，實在不能對他們有過多期待。可是，當我們在石碇山上實驗時，發現孩子真是樂在其中；當家長看到孩子笑容朵朵、活力滿滿，心裡原本的框架也慢慢被打開。

開放、共融、友善

　　而完成這些事，並不是單純的只靠喜樂家族的成員。喜樂農場不同於一般封閉式、集中管理的安養機構，而是希望採取開放式，像個小社區般，透過多元化課程、生活講座，或是舉辦活動，讓一般社會大眾可以進到農場共同參與。我們號召各地志工，有來自花蓮、新竹、

台中、高雄等地的善心人士，甚至有一位香港的土地工作者得知我們做土窯、土灶，是為了幫心智障礙者建立一個家園的實驗，他就特地透過換工來幫忙。而當我們開辦與生態相關的課程時，一些對生態有興趣的人士也前來報名。

簡單地說，喜樂農場的理念就是用回歸自然的方式，讓參與其中的心智障礙者以及社會人士，享受一起出汗、一起完成某項工作的喜悅。這些心智障礙者擁有的純真和喜樂，是我們這些比較複雜的人所失去的，但是透過大家一起工作，就會擦出很多火花，所以許多志工會一而再、再而三的上山，我們因此連結了各種專長的志工，包括木工師、水電師、建築師、裝潢師、學校老師等。這可以說是另一種形式的生命教育，讓大家透過這樣的互動課程，彼此的協助——有時候是我們的孩子讓他們獲得療癒，有時候是他們的協助讓我們的孩子更被接納——這就是我一直期待的開放、共融、友善的安養農場；一個讓家長放心、孩子開心的終老場所。

　　一步一腳印，三年來的實驗成果，讓我們可以很篤定的說：「這是一個可行的方案，我們的逐夢是踏實的，目前最大的困難就是尋覓一個合適的地方，正式籌建喜樂雙老安養農場。」

　　走筆至此，單親媽媽離世前的那一幕，竟如此清晰的在腦海徘徊：
　　「我等很久了……」
　　是的，這個夢想，很久了，期盼開花的日子早日到來！

Chapter

1

不把孩子
藏起來

喜樂家族堅持不把孩子藏起來,反而積極把孩子們帶出去,走入人群做公益,用生命感動生命。原來,夢想可以無限大! 愛也可以無限延伸!

阮攏是上帝的心肝寶貝仔

　　西元 2000 年，一如平常的忙碌日子，潘牧師循例探訪一位教友，但驚訝地發現這個家庭中「也」有一位唐寶寶。為什麼說「也」呢？這位唐寶寶扁圓的頭型、略塌的鼻梁、微翹的眼角，和她記憶中另一個臉孔居然如此相似。「這是唐氏症者的特徵嗎？」她暗暗心驚，這樣的孩子有多少？這樣的家庭有多少？

三個元老家庭。

時間往回撥，二十多年前一般社會大眾對唐氏症非常陌生，其他如自閉症、腦性麻痺、發展遲緩等心智障礙族群也鮮少被提及，甚至可用無知來形容，包含潘牧師也是。她原本主要的工作是負責關懷教會的老人家，對心智障礙一無所知，但彷彿從這個家庭的一角，看見了特殊兒父母勞苦的心，也看見孩子缺少更多學習的機會與空間。

　　「可以為他們做什麼呢？」一個憐憫的聲音從心底響起。號稱「潘衝衝」的她立刻邀請這兩個唐寶寶家庭和另一個遲緩兒家庭，組成一個小小的支持團體，立志幫助更多有需要的特殊兒家庭。於是從 1 個遲緩兒＋ 2 個唐寶寶＋ 3 個媽媽，開啟了「星期天學校」的原點。起初只是單純的想多關懷這些孩子及家長，讓他們知道自己是被愛的，有同伴、有朋友，不孤獨。

　　當時潘牧師在特殊教育或社會福利領域都是一張白紙，但可能也是因為沒有框架，反而帶著老師和志工們邊學邊做，放手嘗試更多的新觀念。二十多年前相關的社福資源很少，透過音樂、舞蹈、藝術來做療育也剛起步。我們不斷地把最優秀、最有耐心和愛心的老師帶進來，如今每週可提供十二項課程，變成親子學員二百位以上的大家族。另外，潘牧師還打破當時的教學模式，鼓勵「親子一起上課」。沒想到這個破天荒的舉動居然在二十年後，與當前最夯的親子共學潮合流。

　　當然這個構想是考量到實際狀況，受限於特殊兒的口語能

力、理解能力、肢體能力……許多孩子上課時都需要一對一的協助,父母自然是最好的助教。然而潘牧師還有一個重要的理由,「我覺得每一個人都需要被愛被關懷。我們照顧特殊兒時,是不是也該照顧在他們身後、幾乎沒有一刻可喘息的父母?」

重建自我的價值

更重要的是,潘牧師想要改變世人的眼光。「這些孩子雖然智力不高,但內心良善單純,絕不是世人所謂的瑕疵品。」

潘牧師最感動的是,只要一走進教室就會被這個孩子抱抱,那個孩子牽手,有些還會記掛她生病的媽媽並頻頻問候。只要認識這些孩子多一點,就會發現他們是如此熱情和良善,都是非常可愛可貴的寶貝。因此她和老師們特

別創了一個口號——阮攏是上帝的心肝寶貝仔。

真的，當我們走進教室，看到孩子們興高采烈地跳舞、演戲、打鼓，那洋溢著陽光的笑容，讓人打從心底湧出無限喜樂，所以我們不叫他們「喜憨兒」，而是喊他們「喜樂兒」。

其實這句精神口號是有背景和意義的。受到傳統影響，早期台灣許多人認為生下一個特殊兒，一定是家門不幸，受詛咒的，父母小孩前輩子不知道做了什麼壞事才遭到這種報應，有位唐寶寶的爸媽就曾當面被鄰居說，「你們兩個作孽才會生出這種小孩。」

而這不是例外，幾乎每一個特殊兒和家長在人前人後都曾被如此指指點點。大部分的父母當年都是在晴天霹靂下接受家有特殊兒的事實，他們除了要立即承受龐大的照顧和經濟壓力，還要面對家族和社會異樣的眼光，哪個人不曾痛哭過？悲傷和迷惘之際，大家即使再堅強，內心也難免留下傷疤和陰影。

唐寶寶大元的媽媽說，孩子出生沒多久她就擦乾眼淚振作起來，努力的照顧他、教育他。她不埋怨，也不覺得任何悲情，夫妻倆都是高知識份子，同心合力以培養「第一名唐寶寶」為目標前進。大元一如夫妻倆所期望的健康長大，聽寫打字能力都很好，而且斯文有禮，獲得某大學的工作機會，已穩定就業十年以上，實屬難得。但她坦言，「直到孩子二十七歲，我才真正從接受到釋懷，這是一堂長達二十七年的課。」

小魚母女是另一個故事。小魚剛來喜樂家族時雖已是國小生，但因只能發出簡單的單音，不喜歡說話，也說不清楚，常常被人嘲笑。透過和老師及同學的互動，她慢慢打開心房，現在已是連鎖咖啡店的可愛小員工。而小魚媽本來是位自憐自傷，但個性剛強，對女兒恨鐵不成鋼的單親媽媽。她有段時間跌落谷底，曾一度想帶著小魚一走了之，但進入喜樂家族後認識了許多同伴媽媽，學會用更溫柔的方式對待孩子和自己。小魚媽曾感嘆，「在這裡，每一位老師、媽媽與同學，總是會耐心等候小魚把話說完，唯獨我這個做媽媽的，就是從來不給她機會。」小魚媽轉念後，重回學校上課，拿到長照相關證件，生命走入新的春天。

　　同樣的壓力也籠罩在其他家人身上。唐寶寶大仁的妹妹說，她小時候對周遭人如何看待哥哥十分敏感，因為一般的孩子會捉弄大仁，嚴重打擊他的心靈，因為他可以理解別人的捉弄，並且看待他的眼神不同。

　　我們發現重建「自我價值」對特殊兒和家人來說才是根本的翻轉，而且只要心裡有了光，即使前方混沌不明，未來有許多困難和挑戰，

都可以秉著信心和勇氣往前走。這不是喊喊就行的口號，而是要用積極的行動來落實。

愛是最堅固的房角石

因此喜樂所有的課程和活動都是依此理念而設計，一方面增設多樣化的課程，培養孩子的能力和信心，一方面積極的找舞台、辦活動，帶著大家去表演和服務。而每一次到訪各地演出，總會有許多觀眾感動落淚。看到這些孩子和家長都能夠做得到，我們還有什麼難關闖不過去的？

許多家長也從不願上台到樂意分享：「我們從來沒想過可以和孩子站在舞台上，接受大家的掌聲。」

掌聲是榮耀、肯定、接納，然而這一路並不容易。潘牧師堅決地說，「雖然學習是有辛苦的部分，但我們不走悲情路線，而是希望藉由孩子和家長的生命強度感動大家。」

小育爸曾寫了一封信給小育，「你從出生三個月開始做各種復健，經過多年千百次努力堅持，換來能打理自己的生活。你的成長過程雖然跌撞辛苦，但你做到了，站起來改變自己的生命，真的很棒！謝謝你來到爸爸的生命中，因你的來臨，讓我們全家更團結，更懂得珍惜生命。」

「我相信，我們的孩子是祝福。」這是二十年來潘牧師最真心的感想與感動。

這群看起來稱不上完美的孩子和家長，教會了我們什麼是無條件、不離不棄的愛。當初我們只有三個家庭，什麼資源也沒有。但就這樣認真的做，真心的陪著家長和孩子一直走，路就愈來愈寬廣。而這樣一大群老弱婦孺一起走了二十年，互相照顧、互相鼓勵，真的成了一個大家庭。

▌星期天學校

喜樂家族的「星期天學校」的理念是希望透過「生命教育」與「能力養成」的雙軌並進，讓這群心智障礙者能被培力，並且鼓勵家長帶著孩子走出原本的角落而進入社區，讓社會大眾看見不同面貌的他們，進而提升社區和整個社會的友善環境。從 2000年成立至今，已服務超過五百個家庭。

課程內容有四大項：

一、舞蹈才藝：親子現代舞班、爵士舞班、體操韻律班、巡演特訓班。

二、音樂才藝：打擊樂班、喜樂音符班、親子打擊樂特訓班、鼓爸班。

三、美學創作：美術創作、田園創作。

四、表演藝術 (肢體開發)：戲劇、乒乓球。

結出這些甜美的果子，光靠一個人數不滿十五人的小型基金會是遠遠做不到的，真的非常感謝一路相挺的志工大軍，以及許多愛心企業和社會大眾。

　　愛，是喜樂家族最堅固的房角石。
　　回首來時，眺望未來，一步一步都充滿恩典和祝福。

讓愛多走一哩路

某個週日的午後，一大群老老少少嘻嘻哈哈的抱著一堆服裝道具奔走於排演場。這已是他們連續犧牲三個假日進行的第三次彩排，而這只是開始，距正式演出前至少還需要七、八次彩排。

「如果別人要練習一次，我們就要練習一百次。」潘牧師感佩地說，「我真心以我們的孩子和家長為榮，沒有人抱怨，沒有人嫌累。而我們最老的家長已經八十多歲，依然週週帶著五十多歲的女兒來上課。」

這一切都是為了一圓特殊兒的舞台夢。「星期天學校」的課程包含了四個舞蹈班、三個打擊樂團、一個奧福音樂班、一個戲劇班，都是屬於表演藝術。

「那怎麼能光說不練？」戲劇老師兼導演的翁岱琴躍躍欲試，「況且對特殊兒來說，舞台是非常大的學習動力。」

許多特殊兒就和一般孩子一樣，非常愛表演。但是現實環境中，大部分的學校和才藝班會擔心他們拖累進度和表演水準，不太願意收特殊生，他們只能眼巴巴地看著別人上台表演。

　　如果再回到更多年前，這些特殊兒的家長們根本不敢想像自己的孩子有一天能上台表演，例如唐寶寶要跳舞並不是一件容易的事。唐寶寶從出生起便不停地和自己的身體奮戰，他們因肌張力不足，不知得跌倒多少次才能踏出第一步，可想而知舞蹈中的每一次旋轉、每一個跳躍，都是汗水和淚水留下的足跡。

事實上，不論是一支舞或一首曲子，孩子們往往都要花至少一年時間的練習才能熟練，有些重症的孩子還需要家長手把著手的協助才能完成動作。

　　或許有人會問，既然這麼辛苦，為什麼還要學？

　　因為對特殊兒來說，復健是一堂停不下來的課。例如喜樂家族的舞蹈班學的不只是舞蹈，而是融合感統，幫助特殊兒練習平衡感、肌張力等身體能力，也持續刺激腦部以延緩退化和

老化，因為唐寶寶在四十歲左右就會二次退化，老得快也老得猛。

我們盡量做，能夠延一年就一年，不會放棄任何一個可能。

給孩子一個舞台

而為了給孩子們機會和舞台，喜樂家族的夥伴們再度發揮「衝、衝、衝」的精神，自2004年起，每年舉辦一場感恩音樂會，讓輕、中重度的孩子通通有機會上台一展身手。近二年更大膽挑戰融合戲劇、音樂、舞蹈的大型舞台劇。

2019年，我們首次登上國父紀念館舞台演出《埃及王子的腳步》，動用的親子演員和志工加起來近二百人。全場二千個座位幾乎全滿，這就是奇蹟吧！其實每次演出前潘牧師都提心吊膽，不知這群天才大明星們會不會出狀況？擺烏龍？事實上大狀況沒有，小烏龍從來沒少過！但喜樂家族的演出展現出一股溫暖的凝聚力，台上親子之間的深情互動，總是深深地震動了台下觀眾的心。

「那是一種有生命力的表演。」導演翁岱琴說。孩子們的真誠，父母的愛也傳遞出溫柔與力量。

曾有位觀眾留言：「印象最深刻的是，有位孩子在表演隊伍中，急切地動來動去，發出很大的聲音，旁邊的人想拉也拉

不住他，看起來好像是失控，但其實他是熱情的享受在音樂中，只是他的節拍和大家不一樣啊！對他們多一點接觸，就多一點了解。我希望社會不要孤立他們。」

這真是最好的回饋。透過表演的舞台，特殊兒獲得社會大眾真實的接納和疼惜。

用生命感動生命

而同時間，一輛名為《讓愛多走一哩路》的巡演列車也上路了。

除了年度音樂會外，喜樂家族每年還會推出一齣中型舞台劇，到全台各地舉行公益演出，希望讓更多人認識特殊兒。音樂會是讓大家走進來，巡演是我們走出去。每齣劇都是老師們聯手精心編製，包含真人實事改編的《浪子回頭》、或是為喜樂孩子量身訂做的《短耳兔與小象莎莎》等都獲得觀眾大好評，加演次數不斷遞增。

曾經有不是喜樂家族的特殊兒家長們跟我們說，看見喜樂親子的表現讓他們對未來充滿盼望。也有許多一般人士跟我們分享，他們生活中本來有許多困境和疑惑，但看到孩子們認真演戲，給了他們很大的激勵。

這就是喜樂家族的信念和盼望，堅持不把孩子藏起來，積極的把孩子帶出去，用生命感動生命！

猜猜看，八年來，這台列車跑過哪些地方？

剛開始每年只有一、二場演出，但因口碑相傳，現在我們一年會接獲八到十五場邀約；走過的地區包含基隆、台北、中壢、新竹、台中、彰化、高雄、鳳山、屏東、宜蘭、花蓮、台東、金門，從台灣頭到台灣尾無所不包。演出場地有教會、醫院、特教學校、教養院、小學、里民中心、原鄉部落……想得到、想不到的地方都去了。如果每場觀眾以一百二十人計算，八年下來累積的觀眾人次早已破萬。

而身為導演，翁岱琴最高興的是，「每一次表演都看見孩

舞台劇《短耳兔與小象莎莎》。

子的進步,不只是台詞、表情、動作的熟練度,而是從舞台延伸到生命上的改變。」

除了舞台劇外,喜樂家族的舞蹈和音樂表演也是嚇嚇叫,每年至少十場以上的邀約,曾到台北花博、上海世博等地表演,小有名氣。另外喜樂家族不定期舉辦畫展和自然工作坊,提供喜愛美術、創作、園藝的孩子們另一個舞台,展現自己的獨特風采。

而舞台無疑也提供了一個愛的平台。例如配合《短耳兔與小象莎莎》的演出,喜樂家族推出「讓愛全滿」——小象莎莎撲滿認養計畫。

潘牧師記得很清楚，在台東特教學校演出時，一位四歲多的小女孩靦腆地抱著之前認養的小象莎莎撲滿走過來。她省下自己的零用錢，用了兩年的時間，一個銅板一個銅板地慢慢存，聽到喜樂家族再度來表演時，特別請爸爸帶她來捐款。

這不就是最好的生命教育嗎？透過與特殊兒的真實互動，讓孩子在心中種下一顆愛與善的種子。

社會有愛，不孤單

「5291」活動則是另一個愛的凝聚。

5291 取自「我愛 JOY」的數字諧音，也是捐電子發票給喜樂家族的專屬愛心碼。活動的起頭只是喜樂老師們的一個小心願「帶孩子出門兜兜風」。

騎車，大概是許多親子最美好的記憶。有許多特殊兒不會認路也無法獨自搭車，最後乾脆選擇不出門，而騎車有安全和技巧問題，更是一個可望不可及的夢。為此喜樂家族從 2012 年起廣招社會和企業志工，協助特殊兒們騎車，享受戶外好風光。

　　第一次的碧潭水岸之旅，下著雨，參加者只有寥寥數十人，然而接下來就「吃好道相報」，從 100、200、500、800，人數一路往上攀升。而為了服務更多障別人士，包含乘坐輪椅的腦麻兒、肢障者等，2018 年轉型為「健走」加上「園遊會」的雙軌模式，參加人數連續兩年破千，而且老人、小孩、弱勢族群的比率都加倍增多。這其中的關鍵有兩個：一是與社會的連結，例如扶輪社社友、昇恆昌等多家企業的志工都是年年報到。而且許多人從一個人來，

到呼朋引伴或攜家帶眷前來，幾年下來，連小小第二代也加入成為新力軍。二是與弱勢分享，不是只有喜樂的孩子受惠，我們還邀請樂山、陽明教養院等心智障礙學員一起同行。

其實每一場表演和活動的後面都需要花許多時間和心力準備，但從事公益活動只有一個祕訣：付出是不需要特定的條件，每一個人都可以做，只要真心願意就行；就像那位捐零用錢的小女孩、陪我們健走的社會志工們、還有為了表演而全台跑透透的喜樂家長或孩子們，都是愛的天使。

喜樂兒
夢想家

隨著父母與孩子逐漸雙老,開始面臨長照和安養的課題,喜樂家族揚起新的夢想之帆,籌建一座健康、友善、並且能自給自足的雙老家園。

雙老有個夢

　　走過二十年了，喜樂家族的父母與孩子逐漸「雙老」，迎面而來的課題是如何安住孩子的下半場人生。未來，有誰可以陪伴身邊這位特殊兒呢？

　　「如果我走了，他怎麼辦？」這是許多家有特殊兒的父母的擔憂。

　　有句非洲諺語說：「拉拔（教養）一個孩子長大，需要一整個社區的力量。」我們開始試圖去思考「家」是什麼？它所帶給每個人的想像、定義與目的會是什麼？而孩子可以在那裡用什麼樣的模式練習過生活？

　　2017 年 6 月，我們決定帶領喜樂家族的親子前進石碇山城，實踐改造閒置空間及協力造屋的夢想，「喜樂小田田」計畫也因此而誕生。

「農場成立後，我們老的時候就可以在那裡一起生活，兄弟姊妹有空就可以去看看他。」喜樂家族的父母們懷抱著這樣的希望。

同年，我們發起「在石碇山城百人伴喜樂兒協力造屋」的行動，希望引動此議題並連結

網路社群的無國界力量，讓更多人踏進來這處小里山的祕密基地，協力共創一座用雙手建造、用汗水灌溉、用歡笑寫成故事的雙老家園實驗基地。

然而，在山上過生活，從來都不是我們這群人的強項⋯⋯

夢想，該鐵齒一次

協力造屋？面對一群被社會既定認知是產能低、動作慢、看心情做事、續航力弱的特殊兒來說，可能嗎？這是天方夜譚

吧？再加上基地的日照不足、潮濕多雨、土地貧瘠、交通不便、空間年久失修老舊、滿地雞大便……似乎許多不利於推動的條件，我們都「中獎」了！要帶領親子們跨出舒適圈，這一步似乎比登天還難。如果，這個地方沒有一樣是被看好的，那還值得做嗎？

歷經一段田野調查及評估，我們仍決定勇敢踏出這一步，先帶領部分孩子及家長參與喜樂小田田基地小規模的改造。只是，不少旁人覺得我們太理想化了，而且不知哪來的自信，甚至有的人認為我們很鐵齒，簡直在做一件不可能的任務。

許多看似不可為的事，若不去試試，怎麼知道行不行？築夢，沒有人陪是走不下去的。因緣際會之下，我們開始帶著田園創作班的六位媽媽加六個特殊兒（星期天學校特色課程之一）成為開墾這塊土地的先鋒小尖兵。「老師，我們知道啦，總要有第一批『先烈』做開墾囉！」

一陣說笑之餘，心裡其實也明白，他們是基於「可憐老師」的愛心而答應參與的。站在這塊既陌生又寄託著某種希望的雙老家園實驗基地的土地上，未來這裡會變成什麼樣子，有多少人會一起堅持走下去，沒有人知道。喜樂家族的雙老家園築夢藍圖，就在這充滿愛的代價的甜蜜負擔中，跨出了第一步。

從當個山寨版城市農夫開始

聽別人說，不如自己親手下去做。

六位媽媽加六個特殊兒開始了他們的山城學習初體驗。從每個月上山一次，到自己願意額外撥出時間兩週前往一次，風塵僕僕投入屬於他們的山寨版城市農夫奇幻之旅。

「吼～老師，這裡一天到晚下雨、溼冷、又滿地雞大便，讓人感覺很不舒服……」那些諸多不利於推動計畫的先天加現實條件，對於這六對山寨版的城市農夫來說還真有些水土不服。面對著與都市環境截然不同的環境、氣溫、地理位置，媽媽們有不少的顧忌與彆扭，加上身邊又帶著一個超級慢節奏的小孩，乍看有十二個人，但嚴格來說只有六個有效人力。

不過，世界上最強的並不是神力女超人，而是為母則強的媽媽。
雖然有諸多的不適應，他們仍舊一邊咕噥一邊拎著孩子觸摸、
擁抱山上的一切新鮮事物。

改變，往往是從一小群人開始的。

既然是公認的山寨版城市農夫，那就表示還有很大的可塑
性空間。媽媽們開始帶著孩子在野地上拈花惹草、做點小木工，
以及練習摘採煮食現地的野菜，初體驗自給自足的美好。漸漸

體會到唯有親自動手去做，人與環境才有機會連結上，因為一個對接觸自然興趣缺缺、不愛拈花惹草的大人，是無法感染身邊的孩子也一起愛上這塊土地的。這彷彿是在啟示著，從人的眼光所認定的好與不好，許多時候是因著我們無法投入足夠的時間去瞭解，只好以有限的想像力繼續過生活。

　　心目中引頸期盼建造在土地上的家，無論是實驗性空間或是一座友善家園的典範，都需要集結更多人的力量才能被實現。

特殊兒的社會運動

很多人常說，凡事必須走出同溫層才會成功。其實這只說對了一半。在喜樂小田田裡一定比例的同溫層是令人夢寐以求的，因為在山上的家，非常需要一群志同道合的夥伴共創，願意陪伴彼此走一段路。

歷經上山下山、舟車勞動後的半年，大家漸漸從抗拒到接納，既來之則安之，慢慢形成一股集體意識，什麼樣的環境與生活模式才是孩子所需要的？媽媽們試圖思索著。好不容易醞釀起來的「同溫層」，終於產生一些凝聚力。

我們開始透過網路社群在北中南募集所需的人與物力資源，提倡來參與的每個人都可以「從小地方、小規模、能力所及之處」做起，由下而上的參與，就是喜樂小田田協力造屋行動想推動的理念之一。我們意識到，這裡的一切不容易，很像是愚公在移山，更是特殊兒專屬的柔性社會運動。而進來這裡參與的人並不只是客人，更可能成為我們的家人；不論能力與頭銜，不論社群或社區，不論大人或小孩，在這裡，每個人都可以是家裡的一分子，並為自己找到一個位置，盡情在此貢獻。

期許我們的熱情打不死趕不走，疼愛上帝所創造的這塊土地。

喜樂奇雞搬家趣

從龜速到加速，從玩票到投入，我們是玩真的！

2017 年 11 月，入冬了！喜樂小田田也開始啟動一連串的山城協力造屋運動。從蓋野地雞舍開始，喚起你我對「家」的想像……

在改善基地的種種不完善之前，我們決定先將野放的百來隻「奇雞家族」們做適當的圈養，為牠們蓋新家，搬新屋，並同步改善環境。但建築師是誰？當然就是喜樂家族的親子們了。

幫小雞蓋新家，其實就是在練習蓋一個自己的家。藉由集體協力搭建雞舍的過程，試著喚起每個人對家的想望，也學習如何與身邊的孩子合作，凝聚社群情感與關係。

但「協力造屋」在喜樂小田田有更別具意義的詮釋觀點，目的不是要帶一群人去蓋房子，而是透過人與人之間實際的參與，讓閒置已久的空間被喚醒，被接納。讓原本不夠友善的地方，因著一邊參與一邊改造一邊變美了，這裡沉寂的一切也會開始注入流動的溫度，而跟著活絡起來。

越凍越勇

終於把大人與小孩從城市「糾」到山上來了。

意想不到，喜樂小田田開張的第一攤活動竟是石碇最冷的一天。大家忍著低溫穿梭在室內外，七嘴八舌興奮地討論如何用竹子幫小雞蓋新家，動作慢的孩子也興沖沖跟著動作神速

的大人固定雞舍結構。心想，這群從天龍國來的「肉雞」們撐得住嗎？看著大家在還不盡完善的基地裡忙進忙出，分組分工取材竹子、拆解木棧板、用麻繩纏繞固定結構，為的就是要蓋一間獨特的雞舍，有的大人甚至還因為審美觀不同而僵持了一會兒。

寒冷的 10℃ 並沒有把大家的熱情凍僵，在每一雙專注的眼神中都可以感受到每個人內心久違的成就感與滿足，正被一股自我實現的力量給點燃著。

從自己人到每個人

山上這個特別的「家」，離城市有段距離，面對交通不便與資源的匱乏，還有陣容堅強的老弱婦孺組合，除此，還有誰可以來幫忙？

在人生地不熟的石碇山上，雞比人多，網路訊號比呼吸還弱，一些現場工作仍舊需要有人協力粗活，於是我們開始嘗試對外尋求協助。當我們透過社群網路釋放出需要支援的消息時，迅速就得到了回應，資源從各地而來；遠在雲林的廖大哥和蔡大哥出錢出力親自送來八十支蓋雞舍用的竹子；新店的盧大哥送來木工工具，支援拆木棧板；土城的蔡大哥及南港的白熊先生一家五口全來到現場，協助操作切割木頭的工作。

我們的笨拙連結許多有心人士的協力，這些陪伴的力量，讓我們在追趕跑跳碰中變得更有勇氣與膽識。

奇雞的經典建築

從募集資材、連結外部夥伴、號召親子上山、互動拉近距離、醞釀團體凝聚動力到分組

蓋雞舍……一路歷經三回合共六十人輪番上陣的蓋雞舍行動後，生活在喜樂小田田的奇雞家族們，終於要準備「入厝」了。

話說，這次大家蓋的雞舍可是大有來頭，造型從奇雞瑪哈陵、金字塔、霍爾的移動城堡、比薩斜塔、龍門客棧……等，每一座雞舍造型都極具原創性，像是永恆不朽的世界經典建築，悠靜地座落在山城的那一頭，驚喜總是讓參與者娓娓道來。不過更讓人驚喜的是，每座雞舍的建構與美學，都是每個孩子與爸媽、手足以及志工夥伴「慢慢」攜手完成的巧思鉅獻。

透過為小雞們蓋一個家，目的似乎已經不只是讓牠們有堅固及遮風避雨的住所，在過程中參與的每個人、每一雙手、每張微笑，都是值得深刻紀念的風景。

　　Emma 老師引導大夥卸下年齡身分，回到單純如孩童的世界，預備進行的體驗活動；以人龍圍繞成一座房子，大家輪流進入體驗住房的感覺，想像在集體用愛打造出來的房子裡，生活可以這麼自在溫暖舒適。

　　午餐後，大家摩拳擦掌正式上工，講臺上下堆疊的木棧板和一梱梱的竹竿，是給雞隻建造房舍的建材。我們的十人小組，集體腦力激盪，以兩長一短的竹竿為一組，共三組架構三角椎體雞舍，組員們分工以麻繩紮綁。

　　哲維從頭到尾很盡責的幫忙固定支架，如同小時候父親修繕門窗時，我蹲在旁邊幫父親按住框架的小幫手一樣。當完成一片框架，豎立移到牆邊時，他也負責幫忙搬扶，非常投入參與手作雞舍的體驗活動。

　　短短的體驗課程，大家朝著夢想全力以赴投入工作，期待趕快把雞舍蓋起來。在勞動的過程中並不覺得辛苦，一股暖流充滿全身，不知時間之流逝。當老師宣布停工休息，只想著繼續未完成的麻布袋貼縫，欲罷不能。

■ 王美涵 | 參與夥伴（友善土地工作者）

雞舍從發想到成形，居然不到三個小時，成就感油然而生，本來幻想的困難都沒有發生。用雙手打造出建築物的過程，已經不只是一座雞舍，而是一種共同的創造，是人與人、人與材料、人與建築的對話與發想。用錢買現成的，雖然方便，無形中也失去了很多珍貴的體驗。

回到建築最初的原點，親手打造出最簡單的雛型，才明白，再難的事情，開始做就會變得簡單。也許哪天，心目中的家，蓋著蓋著也就成形了。

■ 張慧萍 | 換工夥伴（特教／自學團體老師）

要如何讓每位雞明星心甘情願入厝呢？七嘴八舌討論後，決定採用最高規格陣仗，大夥兒列隊排排站，搭起星光大道，手拿飼料、指揮棒，探頭探腦地爭相一睹明星風采；無奈我們雞明星不領情，在後台四處飛奔走跳不按劇本演出，只好由幾位「保鑣」貼身指揮正確路線，順利步上星光大道進入豪華別墅，終於在熱鬧歡呼聲中完成了今日的入厝儀式。這趟奇雞圓滿入厝，真的是令人出乎意料的感激（趕雞）啊！

雞遷入豪宅後，心情大悅，立即下蛋回饋！

Chapter

3

不用很強
才開始

2017 年 6 月，我們帶領喜樂
家族的孩子（喜樂兒），前進
石碇山城實踐協力造屋的夢
想，推動「台灣第一座由心智
障礙者協力建造的未來雙老
家園實驗基地」。與大自然合
作，創建出別具生活哲學與藝
術的家園風景。

八萬個腳印誕生一座野地廚房

廚房，是凝聚家人重要的空間之一，而「火」元素更是喜樂小田田不可或缺的特色資源。安頓好奇雞們後，我們準備進入重頭戲，要開始徒手赤腳觸摸泥土，挑戰建造第一座取材於自然，屬於喜樂家族親子們的自然建築──柴燒麵包窯。

但是，在此之前我們必須將所需的材料收集到位，共有 18 噸的石頭、14 噸的泥土、6 噸的砂石、2 噸的木材和 1000 多塊的紅磚，還有數不清的大大小小材料；無法想像，為什麼每樣材料都是以噸為起跳？更瘋狂的是，我們必須想辦法將它們都運上山，而要怎麼搬運又是另一個難關。

每位司機都必須歷經迷路的洗禮後才能算完成任務。「錢真難賺啊！」司機哀嚎著。

愛的黃金比例

　　在推動喜樂小田田之初，我們試圖希望做到一件事。當我們有能力帶著孩子去實踐（實驗）一個家園理念時，不只是為了人的需要而蓋一棟安身立命的房子，而是能夠放入一定比例的「永續設計」觀念來關照友善環境的需要。如同父母殷勤期

盼外界對待自己孩子的眼光也是友善的。這樣的「黃金比例」是每一位特殊兒需要的。

上帝創造自然，也讓我們學習與自然搭起友誼的橋樑。

被泥土親吻過的勇氣

美好的構想與理念，是要付出代價的。

蓋一座柴燒麵包窯至少需要十天；從事前的備料、營造團體動力、砌石、製作土團、打漿、堆疊結構、上石板、施作窯體空間、創作造型以及量身定做窯門……等，每一道工序都是藝術，也是自然工法與自然科學。從裡到外，完全取材自然元素建構而成，也必須百分百完全手作。

「孩子做得來嗎？安全嗎？敢碰泥巴嗎？來幫忙蓋窯，還要付學費喔……」直白的媽媽們拋出內心的種種疑惑。也有不少家長及夥伴開始擔心，有的孩子動作快不了、有的給太多工作會發脾氣、有的還在放空適應環境中。這為期十天的建造進度做得完嗎？

我們都不完美，但我們的上帝總會貢獻某些考驗與練習，讓人看見自己的無限可能。

　　「哇，哇，哇，他踩下去了！」當孩子開始踏出第一步，雙腳踩上泥巴，用雙手抓起土團傳給對面同伴時，媽媽們驚呼連連。平均三十秒就可以聽見他們燦爛的笑聲。意想不到的是，幾位原本忐忑不安的家長也瞬間玩開了，現場頓時變成了兒童樂園。大人們也突然地用功起來，嚴格把關，泥土要踩到「三光」、土團要細緻發亮、泥土不會沾手也不會黏在翻動的帆布上就完美啦。不過，喜樂小田田的「三光」還要再加上一個光，那就是當我們被泥土療癒時，眼睛就會閃閃發光。

　　激勵人心的是，眼前這座柴燒麵包窯悄悄
地從 50 公分漸漸變成 80 公分，不一會窯體高
度已經突破 100 公分以上。在另一個角落，一
位唐氏症與自閉症孩子正與他們的陪伴者（擔
任學習陪伴的志工）協力搬土。他們笑說，跟
媽媽在一起只會搬三桶土，跟陪伴者在一起可
以持續做三小時，還很甘心樂意不會發脾氣哩。

　　透過由下而上的參與、從能力所及之處開
始，友善設計適合特殊兒的參與方式，能力好
的大人們，反而會向他們學習到更多。

泥濃我濃

　　這些看起來黑嚕嚕的泥巴，對於多數有觸
覺敏感的特殊兒與大人們，會產生什麼火花？

平常對活動操作參與度不高的阿碩，原本認為他一定會抗拒碰觸泥巴，出乎意料，這位小鮮肉居然超級自然的坐在地上，將雙手整個浸泡在泥漿裡，還順便把自己的臉、手、腳、衣服，通通抹上養顏美容的泥巴。「哇，好過癮喔……」

　　這幕真是跌破大家的眼鏡，阿碩居然與這些泥巴完全沒有違和感，媽媽與在場的每個人都驚呆了。我們感受到阿碩的無比歡喜，這是否就是傳說中的相見恨晚啊！

　　歷經十天的建造，234 人次的馬拉松式接力，累積八萬多個腳印的力量與無數的歡笑聲，台灣第一座由特殊兒結合家長、手足及民眾，攜手協力完成的柴燒麵包窯終於誕生。這當中最深的體會是，雙手雙腳沒有被泥土親吻過，別說你懂幸福。

與土地共築雙老夢

野地上的流水席

初夏了，走在這塊緩緩被復育的土地上，蟬叫蛙鳴熱鬧非凡，讓人夢寐以求想睡個大頭覺，紀念這悠閒的時光。

終於，我們等到了這一天……窯壁變白了，窯溫一路升高至650℃，再以優雅的速度緩降到350℃。大家在美麗的碳火下，體驗90秒烤一片義式披薩的初體驗。我們配合大自然的節奏，隨著溫度的下降，接續出爐從來沒有嚐過的自然原味；從窯烤Pizza、窯烤燉飯、窯烤雞湯、窯烤地瓜、窯烤麵包，短短一小時就出爐餵飽五十人的辦桌驚喜。在窯口等著吃佳餚的大人小孩們，瞪大眼傻呼呼地見證大自然奇妙力量。而且這座柴燒麵包窯是由他們攜手打造而成的。

再回首，那幾噸重的泥土與石頭已不再是沉重的負擔，而是滿載而歸的勇氣與愛。

與土地共築雙老夢

陳心恬 | 園藝輔助治療師

　　午後落下的大雨堆積在棚架上面，歡樂夫妻檔阿亮與子涵拿著長長的竿子頂著棚頂的「大肚子」，水瞬間傾倒而下，大家被淋濕了，仍瘋狂大叫地一邊傳著泥球。

　　平常是嬌嬌公主的力心，把自己沾成了巧克力脆片；面帶笑容的昆峰很喜歡搓洗著泥漿，挑著泥漿裡的石頭；哲維在柴燒麵包窯檯子上，逗趣地擺著維納斯的姿勢；更新奇的是，平常少有表情的俊廷從早上到下午一直掛著笑臉，他旁邊的子瑞居然沒罷工不間斷地傳遞土團給隊友。

註：「不用很強才開始，只要開始，就會變很強。」（You don't have to be great to start, but you have to start to be great.）引申自美國著名勵志作家及演說家 Zig Ziglar.

五百顆土磚的力量

　　石碇年雨量平均三千公釐，為了把室內潮濕空間營造的更溫暖友善，同時又能達到除溼及冬暖夏涼的效果，我們計畫建造喜樂小田田第二座自然建築——土椅子。

　　沒想到，在建造土椅子前，要先完成一個超級任務。老師告訴我們必須先備好至少三百顆土磚才能進行，但以當時極為有限的人力根本做不來這件事。大家衝衝衝地與時間賽跑，第一天手忙腳亂摸索泥土比例與濕度，使出吃奶的力量竟然只完成了二十顆，心都冷了一半。心想，以這樣的速度三百顆要做到何時？

鐵人三項任務

　　啊，上帝啊！祢終於派小天使來了！

　　一位遠從香港來台灣進修自然建築的阿樂，因緣際會來到基地進行換工。在香港曾製作過兩千顆土磚的他，讓夥伴們萎靡的信心備

受激勵。第二天也加碼揪來蓋土窯身經百戰的力心媽一家及亞南爸，加入生產行列。在做中學的帶領下，所幸完成了六十顆。進入到第三天，大家居然可以一口氣完成七十六顆。每個人都變成了數字控。

還記得某天，基地莫名來了二十七人，有大人、小孩以及小小孩。早上有人因為塞車無法早到，有的人則因為迷路晚到。一團人，有三分之二都是新面孔，這種「夢幻組合」能夠達到什麼合作默契？

用鐵人三項的精神
挑戰自造土磚。

「最困難的時候，就離成功不遠了。」凱薩大帝。

信心總是這樣一點一滴考驗著。從日出到日落，從備料、踩土到翻模，一條沒經過訓練的「生產線」，一天下來居然合力完成了一百三十七顆土磚。

這一路，縱使每天上山協力的只有寥寥兩三人，中間還一度遇颱風來攪局，一週後我們居然神奇地完成了五百顆土磚。這個里程碑對外人來說可能不算什麼，對於挑戰任務的喜樂家族親子來說，簡直就是鐵人三項。

從三百顆到五百顆，讓人經歷的不只是協力產出的數字量，而是深刻看見參與者們（家長與孩子、夥伴、民眾）是如此期盼看到屬於這個家的椅子能夠順利完成；多麼期待有一天能夠齊聚在此閒話家常。

從無到有，從自己人到破百人，看似缺乏卻都足夠了。

這是家的一部分

在霸氣產出五百顆土磚後，土椅子的建造也正式開始了。

在喜樂小田田的一切，挑戰似乎與驚喜一樣多。

自然建築老師 Emma 帶著大家清空一樓的空間，討論這座屬於喜樂家人的土椅子適合設置在哪個位置、要用什麼造型、如何分區規劃需求。在腦力激盪過程中，既新鮮也難以想像，大家從來沒有住在一起過，面對陌生的閒置空間，在場的媽媽、小孩及參與夥伴們嘗試在空間裡徘徊，感受自己與空間的關係。

一群人力量大，也集結了勇氣。幾個媽媽已經拿起筆開始在地板上繪製土椅子的區域了，連帶也引動身旁初見面的協力夥伴接力畫出蜿蜒如萬里長城造型的線條，讓原本無法想像的造型，因為這些線條的出現而豁然開朗。

「面積確定要這麼大？」一位媽媽忍不住問老師。

這座土椅子的面積在室內呈現一個抽象的大 L 造型，包圍了一半的牆面。也考量自閉症孩子的需要，大家精心設計了一處名為「自閉特區」的角落，讓不擅與人互動的宅男宅女們能有個獨處、塗鴉的空間。接著，最靠近門口的「迎賓區」也出現了，通常陌生或害羞的人就會停留在這區。不過，最經典的莫過於專門為愛聊天的喜樂家族媽媽們量身定做的「婆婆媽媽區」了。

與土地共築雙老夢

這當中，最棒的不只是建置所需的硬體，也融入永續而友善的軟體設計進到空間，關照人們情感層面的需要。在不斷參與及探索中，大人與孩子也會不斷累積自己的生活經驗，創造機會反餽「家的一部分畫面」給彼此。這也就是家園藍圖的一部分了。

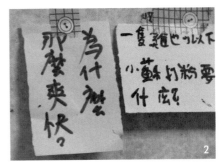

我可以＋1

不知老師哪來的信心，居然敢帶著這群菜鳥自造一座面積如此大的自然建築，而且是北台灣量體最大的一座土椅子。我們又再次進入愚公移山模式，但這次是晉級到 2.0 版。

「咚、咚、咚……哇！這不簡單欸！」敲打的聲音在空間裡震盪，伴隨著此起彼落的嘀咕聲。唐寶寶哲維與媽媽蹲坐在地上，用鐵鎚敲打著硬梆梆的磁磚，賣力模樣已是水電工等級。

「以她的速度，我們今天應該就是兩片吧？」力心母女也在另一頭優雅敲打著，媽媽幽默自嘲預報今天的戰績。

1_ 大家努力用鐵鎚敲打著硬梆梆的磁磚，賣力模樣已是水電工等級。**2_** 參與者寫下勞動後的心情。**3_** 一群菜鳥正在自造一座北台灣量體最大的土椅子。

難得出現一位力壯的男丁，在一陣埋頭敲打後，直呼真是磨人耐心啊。結果，一旁沒有太多口語能力的哲維突然呵呵呵雀躍的笑了三聲，力心也跟著笑了一聲，這對「唐兄唐妹」直接與隔壁的明示，我可是比你有耐心唷。

在製作土椅子的地基之前，大家必須先將構圖範圍內的磁磚給敲除，再接續進行挑石、砌石、填縫、上漿、疊土磚、形塑造型等工作。這些連大人操作起來可能都有一定挑戰性的工作，特殊兒與他們年邁的家人可以如何參與其中？如何找到適合他們的位置？

在喜樂小田田的一切，都必須經歷「緩而慢，小而分散」、「從能力所及之處開始做起」，因為這些「練習」是一個建立關係的重要過程，更是一個重要態度。大人會的，孩子可能跟不

1、2_屬於家的土椅子漸漸成形。3_一起熱血翻動土團為前線備料。

上；孩子做得來的，大人可能沒有耐心等候他。如何在一起過
生活，可能才是彼此所需要的，更是未來那個雙老家園裡最珍
貴的寶藏。

喜樂的萬里長城

　　與泥土為伍的九天旅程中，看見原本是山寨版城市農夫的
大人們，勇往直前的跨出舒適圈，付出自己所能貢獻的。與孩
子第一次用麻袋協力扛石頭、第一次練就最大的耐心為粗獷的
椅面粉光成猶如嬰兒屁屁般的光滑、與第一次見面的夥伴接力

「不用很強才開始，
只要你開始，
就會更很強」
——導演小田田

精心設計的「自閉特區」，讓不擅與人互動的特殊兒能有獨處與塗鴉的空間。

傳遞三百顆土磚、第一次與動作慢吞吞又觸覺敏感的孩子踩土團、第一次看見從來不動手的孩子拿起掃把打掃環境，也第一次牽著孩子的手從早晨歡笑到黃昏；這許多的第一次，是生命中的養分，也是改變的起點。

一顆擁有三十五倍除濕力的土磚，被我們堆砌成獨一無二的生命創作。這座土椅子配備著四個奇妙的炭盆，在氣候寒冷時，可以為家

人們帶來溫暖，也沏一壺好茶。它是空間裡的美學，是教學場域裡的參與式設計，是拉近人與人之間互動的機會，也是未來孩子們在一個家園空間裡快樂生活、分享故事與安住的幸福畫面。

這趟旅途中，一起經歷了 3 個夥伴在半途打瞌睡、150 人接力自造，有了這 300 個手心的溫暖陪伴，這座蜿蜒而擁有許多溫潤曲度的土椅子，像是「喜樂版」的萬里長城。在寧靜的空間裡，這座由特殊兒參與創建的第一座「家的土椅子」，已悄悄將每個人的心緊緊串連在一起。

▌王美涵 │ 參與夥伴（友善土地工作者）

這兩天上山到石碇喜樂小田田做土磚。想到未來，當這個土椅子蓋好的時候，我做的土磚也會是其中一部分，臉上就開心的微笑，手腳也特別賣力。雖然才做兩天就全身痠痛，但雜念隨著汗水漸漸消失，心中湧現力量。

其實，沒有哪個地方是不能經營的。任何地方都會有閒置的資源，有荒地、有智慧的長者、有獨特的美麗風景。世界上的任何一個角落，也總是能找到需要幫助的人，及願意伸出援手的人，任何一個地方都可以變成心目中的花園。

有個天空之城

　　清晨 6：30，如水墨般的詩意山嵐，繚繞在清晨窗邊望去的山頭上，幾隻毛毛蟲在圍籬上優雅漫步，約好準備一起吃早餐了。

　　春天來了，山上的一切又開始變得活躍。

　　「在每一個必須完成的工作中，都存在著有趣的元素。找到了樂趣和節奏，那這份工作就是個遊戲。」——電影《歡樂滿人間》。

　　在喜樂小田田裡，永遠有一件工作是屬於孩子可以發揮的。而現場的夥伴、志工以及參與者都會告訴大人們，「請勿」幫他們完成。

　　創造更多機會，讓每個人與自然一起共學。透過觀察與互動，我們一起嘗試把基地裡的「問題」換個角度看待，並視為正面的資源，將大規模單一集中的建造思維，轉換成小而美、小而分散的實踐，深刻體驗永續生活及參與設計所帶來的日常樂趣。

上帝賦予很多可能性給喜樂小田田；它可以是家的象徵，可以是生活的聚落，可以是個溫暖的避風港，可以是承載情感與夢想的容器，也可以成為每個人生活的集體記憶。

進入大嬸聊天模式

　　「今天有幾個人會來？」Emma 老師端著剛泡好的熱咖啡，坐在桌邊與前一天蓋土灶所遺留下來的疲憊相處著。從建造柴燒麵包窯、土椅子、土牆至今，一路上無論參與者多少，他的心臟永遠都是鋼鐵般的信心。我們常說，他不是人……是超人。

「集合……集合了……」

老師不止一次笑說，喜樂家族的爸媽是全天下最難集合的，已經呼叫了十五分鐘，他們還在原地聊天沒打算過來。

陽光露臉了！媽媽們摩拳擦掌帶著孩子開始備料，準備為土灶及料理台施作地基。不過，我們發現了一個改變。

一直以來，都跟在媽媽身邊做事的力心與儀靜，當下對於媽媽的協助及提醒並沒有完全採納。媽媽似乎也知道孩子渴望自我探索的心，很有默契的開放空間讓他們練習與其他人合作。像是我愛紅娘一樣，大人與孩子各自配對找到心有所屬的任務去發揮。

熱愛舞蹈、筋骨軟 Q 的力心，決定挑戰剷土的工作。二十四歲原本是個嬌嬌女的她，現

1_ 楷博與力心合作挖土。2_ 哲維、力心、儀靜協力搬土。

在可以接受雙腳塗滿泥巴、踩土團、就地而坐及搬運泥土。看來，那段被泥巴浸泡的日子，為她增添了不少勇氣。「不要……」力心正在挑戰自己搬一桶土，一旁的媽媽與老師怕她閃到腰想出手幫忙，馬上被她的堅持給制止。她順利地以己力完成搬運，露出無比滿足的笑容，看來以後要稱呼她為「力心超人」了。

與土地一起工作過的孩子，是有「能力」給人力量的。

超級害羞且怕生的楷博，還在一旁觀察環境周遭的變化。他似乎對挖土感到興趣，老師引導讓他與力心合作，楷博爸也從旁鼓勵他試試看。「熱機」完成的楷博終於與力心開始並肩作戰。雖然兩人第一次合作卻超級有默契，懂得先禮後兵的將泥土放進桶子裡，細心關照彼此的工作節奏。因著力心的陪伴，讓楷博更坦然無懼的投入。

當我們與環境建立關係之後，安全感會激發我們去挑戰新事物。土裝滿了，楷博順勢邊走邊扭屁股，悠哉地推著獨輪車進場。看來剛考上「駕照」的他，駕駛技術還不錯喔！

孩子都就緒後，婆婆媽媽們的露天聊天室隨即開張。現場十幾位媽媽勤奮的一起踩土、混稻草、撒粗糠、製作土團，為前線隨時補充材料。雖然手很忙，嘴巴並沒有閒下來。

「你動作太慢啦，你是來度假ㄟ蛤。」在機器旁把關材料濕度的力心爸，馬上被儀靜媽嫌棄動作慢，躺著也中槍。

一邊踩土唱歌，這是
有史以來最接地氣的
帶動唱。

「我腰不好、膝蓋不能蹲ㄟ？妳不知道我
很嬌貴？」力心爸裝可憐，用苦肉計想塞住大
家的嘴巴。

「聽你共咧，認真點不然中午不給飯吃。」
人稱喜樂哥的平恭哥又補了一槍。

「老師，我被霸凌了，我怎這麼可憐
啦……」力心爸苦情向老師求救，但大家早已
笑成一團。

是的，在這段大嬸聊天模式中，並沒有限
制爸爸們不能參加。

「幾咧素蘭……素蘭要出嫁……」平恭哥帶著孩子一邊轉圈圈踩土團,一邊帶動唱。本以為他們會唱詩歌什麼的,結果連「素蘭」都被請出來了。這也是喜樂小田田有史以來這麼「接地氣」的帶動唱。一旁中場休息的哲維給逗樂了,手舞足蹈跟著開懷大笑。在此起彼落的歡笑聲中,欣賞「婆媽+爸」們的鬥嘴鼓戲碼,也算得上是有益身心健康的運動了。

對特殊兒來說,「與土地一起工作」的生活經驗是非常薄弱的,常常恐懼比享受多。但我們知道陪伴他們慢慢拉近與土地的距離,在那裡有他們需要的力量。孩子的單純與執著,可以讓美好的事物被傳遞出去;學習一起想辦法,學習一起協力,學習一起挑戰新的事物,也學習讓生活變得更有樂趣。

鍋邊飄來濃濃的菜飯香,準備吃午飯了。

孩子們大口大口的吃,大人們乾脆直接站著吃,彷彿農忙時在田邊吃著割稻飯的情景,看來大家有認真工作喔,勞動後的疲憊,馬上被飯菜香給填滿。這是一份打從心裡的滿足,也是與家人深刻連結的味道記憶。

「鴨子生蛋了!」突然,遠方傳來一個令人雀躍的好消息,養了幾個月的鴨仔開始生蛋了。看來鴨仔們也知道大家有拼命工作,下顆蛋,幫大家加菜囉!

為愛，就地取材

儀靜與力心搶著為炭盆加木炭。

起初，我們的希望就是帶著這群孩子去做一件不一樣的事。但是，需要身邊的大人們願意做改變。

一早，老師帶大夥進到廚房，盤點角落裡哪些物件是可以取材再利用的，最後決定將閒置已久的不銹鋼灶台、超級大鐵鍋以及灶框拆解下來，應用在即將建構的土灶上使用。

大人們「乒乒乓乓……乒乒乓乓……」地拆解著一堆廢鐵，平常超級內向、怕噪音、需長時間適應環境，且活動參與度並不高的楷博摀著耳朵，緊黏在爸媽身後，好奇窺視這群大人到底在做什麼，甚至一度鑽到最前線卡位，用他最迷人的瞇瞇眼「全程參與」大家的行動。

不久，儀靜也湊過來了，號稱女版水電工

的她，早已在建造柴燒麵包窯以及土椅子階段被訓練成女工頭了。只剩下一眼視力的她手裡拿著鐵鎚，英勇地站上第一線與一群中年人一起奮力敲打，為的就是取得那個很有樸拙歲月感的大灶框。一旁平常也是狠角色的儀靜媽，當下完全插不上手。

「還有嗎？還有嗎？我來。」起初，儀靜對於這裡發生的一切並不感興趣，就在某次請她與力心為土椅子炭盆添加炭火時，兩人竟上演搶木炭的女孩（這應該是賣火柴的女孩 2.0 版吧），討價還價看誰拿到的木炭比較多。

也許是炭火（火元素）的溫度感動了她，那是她來到喜樂小田田最開心的一天。

聽歌劇誕生的土灶

「誰也不許睡，誰也不許睡，公主殿下，妳也一樣……黎明破曉時，我將贏得勝利……」耳邊傳來歌劇《杜蘭朵》公主徹夜未眠的音樂，彷彿在提醒我們這幾個人，現在時間還早，別想睡。

已經奮鬥好幾天了。帳棚外的細雨，山頭上的雲霧及些許的睡意，伴隨著背景的歌劇澎湃起來。剎那，每個沾染泥巴的背影都變得如此優雅而雋永。浸泡在泥漿裡的大手是媽媽們的，孩子的小手正緩慢地傳遞著土團給下一個人。經過一整年協力造屋運

動的洗禮後，在場的老鳥們似乎都有默契，放
慢節奏吧，讓柏拉圖式的戀愛步調（一種緩慢
追求精神層次的愛），來誕生眼前這座大灶吧！

建造一座土灶，如同象徵建造一間屋子；
一個人完成很孤單，一群人的協力會產生堅持
下去的力量。

每一次活動開始前，總會帶著大家做禱告，
結束後，也在祝福的禱告聲中期待下次的相會。

在山上進行工作不如想像簡單，本以為人定勝天，但時常計畫趕不上變化；天氣變化、人力多少、物資是否到位、工具操作的安全性、是否會停電沒水，以及夥伴們的體力負荷量、默契與脾氣……等，必須燒腦排除萬難的事已習以為常，為的是讓還在萌芽的家園夢，可以早一點被實現。

常常，只要一句讚美與鼓勵，就會讓現場的老師與夥伴們感動不已。

山上時而放晴，時而下雨，人手也時而多，時而小貓兩三隻，使得在戶外建造土灶的我們倍感挑戰。淡定的 Emma 老師帶著大家為土灶定位、確認平檯位置，並測量出灶口的角度。在完成房角石定位的那刻起，像是上帝給足了勇氣與方向，讓我們這些菜鳥中的老鳥，無懼的抓起一顆顆裹滿稻草的土團，跟著老師堆疊、形塑出一座讓人驚嘆的建築。

一眼望去，現場來了什麼人？

嚮往自己蓋家屋的台中麥克、推廣自然體驗的生態農夫飛魚、學建築但

不想用破壞環境手段蓋房子的小瑩、想被泥土療癒的科技新貴阿華、好奇小田田在做什麼的阿蘇、覺得這裡充滿人情味的自然人小黑……族繁不及備載,這些幾乎沒有接觸過特殊兒的夥伴,因著對自然建築的好奇而踏進喜樂小田田。這也是他們與喜樂家族的孩子們,第一次的接觸。

十幾雙沾滿泥巴的手,像是螞蟻一樣分布在土灶各區域,勤奮工作著。逐漸長高的結構

雖然還不確定最終造型的模樣，但老師說，上帝會給我們感動，讓我們把它創造出來的。泥土還很潮濕，我們試著用些柴火把土烤乾，希望幫助明天過後能順利築起堅固的灶體。

一個能夠供應快樂與力量的家園，需要開放一定比例的空間讓「家人」親自參與建造，即便會有不少挑戰與困難，仍然不要輕易放棄這千載難逢的機會。就像愛迪生說的：「世間沒有一種具有真正價值的東西，可以不經艱苦與辛勤勞動而能夠得到的。」

在勞動與協力的過程，特殊兒與家人學習如何與另一個人合作（一般民眾），三者共創並非僅是奠定在「同情弱勢」的基礎上，幫助彼此共好、累積自我實現的經驗，這是在喜樂小田田的土地上，正在一點一滴累積的寶貴價值。

天色暗了，協力的夥伴們仍專注地砌著土磚。

一座聽著歌劇誕生的土灶，像是母親溫柔吟唱獻給懷胎十月的孩子。「與他們一起工作，讓我被療癒了。」第一次與特殊兒工作的幾位夥伴，在勞動的收穫中，也開啟一段自我實現的探索之旅。

當保力達 B 男孩遇見哈利

　　孩子的想望，需要一個舞台讓他實現。

　　在星期天學校被老師封為喜樂王力宏的亞南，罕見地跟著媽媽來到喜樂小田田協力，十四歲青春無敵的他，顏質帥氣爆表，是許多少女的萬人迷。

　　亞南以模特兒的架勢滑進土灶建置區，完全沒打算與正在蓋土灶的大人們打招呼，他直接戴起斗笠、拿起鐵鎚與小斧頭，變成今日農村的造型到處東敲西打，沉浸在自己的世界裡。特立獨行的舉動，馬上被喜樂小田田的管家哈利給「嗅」見，牠尾隨在後監視著這位先生在做什麼。

　　一旁，持續以明星架勢實驗打石樂趣的亞南，終於驚見哈利正在跟蹤他。

　　「汪！汪！汪！」亞南的無視，讓同樣是小鮮肉的哈利有點不爽，一路逼迫他到可食地景區進退兩難。「你……不要過來。」被吼了幾聲的亞南瞬間變成紙老虎，一度與哈利僵持不下，最後選擇棄械投降，向媽媽求救。

雖然驚魂未定，亞南仍舊暖心的與媽媽合作，用獨輪車運了幾顆大石頭為土灶結構備了不少料。

　　「人們可以說我不會唱歌，但沒有人能說我沒唱過。」——電影《走音天后》。

　　終於明白亞南為何如此執著打石，原來那是他「自我實現」成為保力達B廣告男主角最神聖的一刻。雖然華麗轉身後遇見哈利來攪局，但親愛的，你做到了。

　　「嗚……我怎麼這麼倒楣啊！」喜樂王力宏留下兩滴男兒淚，崩潰揪心為什麼哈利要這樣對待他。一旁一臉無辜的哈利，彷彿嘀咕著：因為你跑，我就追咩。

　　這是家園裡的生活日常，是自我實現的練習，也是幫助彼此成為更好的夥伴。

讓參與，變成一種生活

　　奮鬥了十幾天，夜色下，一根微小的柴火點燃了這座炊煙裊裊的土灶。像是一座天空之城承載著家園意象的藍圖，也像是一艘方舟帶領我們的夢繼續往前航行。真的無法想像，這是我們與孩子親手完成的。

　　火元素在喜樂小田田是重要而寶貴的。永遠無法忘懷，第

一次升火煮的那碗熱騰騰的地瓜甜湯，那是與孩子勞動後的甜蜜，是生活參與的紀念。土灶也象徵著家的凝聚與餐桌上的記憶，媽媽帶著孩子用樹枝與火柴練習升火，溫暖的火花像是點燃未來的希望。

一座兼顧藝術性及效能的土灶，需要看重的不只是工法、技術與建造，更需要設計連結教育、藝術、建築、教學、自然科學、參與、實作、培力、建造、空間、美學、情感及美食經驗的介入。這是生活的一部分，讓每個人有機會參與其中，在能力所及之處開始。

為什麼需要參與？因為參與會帶來改變。

「不知不覺，孩子長大了，我們老了。」喜樂家族的爸媽們，因著身邊有個特殊的孩子，原本單純的生活變得不平凡。孩子帶著他們經歷了太多生命中的高山低谷，洗盡鉛華。他們說，未來有點難想像，在喜樂小田田所實踐的一切還有很多等待他們探索。他們說，或許做著做著，就會懂了。

草地上的星光大道

在泰雅族作家瓦歷斯・諾幹的《出生禱詞》詩中描述到：「嬰兒就要出生，從媽媽的肚子裡，像河水順暢地滑出來。很快地，你就要出來，用你螢火蟲般的亮光，照耀叢林的缺口，像風，像鳥翼，像飄雲，沒有纏藤能夠阻礙你。」作家以自然意象比喻孩子在母腹中等待出生時那份躍動的生命力，也盼望新生命能像螢火蟲的光一樣，照亮這塊土地與萬物。

告別某個午後的農務工作後，傍晚基地又恢復了寧靜，突然很想去找找螢火蟲的蹤影，幾個夥伴決定去基地附近即興夜遊，尋找石碇傳說中的火金姑。我們一邊吃著蔥油餅止餓，一邊漫步摸黑探險，這樣的浪漫，應該也只有我們有了。

黑夜中的搖滾區

抬頭仰望藍黑色的天空，繁星不斷對我們閃爍眨眼，轉換時空的愜意，馬上一掃白天的沸騰與疲憊。

「啪啦啪啦！」

「……噓，你看那裡。」

我們的拖鞋聲隨著眼前的動人景象緩慢下來。傍晚 6：30，零星閃爍的綠光將道路兩旁點綴得絢爛，雀躍的節奏像是搖滾區揮舞的螢光棒，對我們打招呼說：Hello，我們準備回來了。

每年三到五月，是石碇螢火蟲出沒的季節，四月底更是數量最多的時刻。除了黑翅螢螢火蟲發出綠色的閃爍光，當中似

乎也有不同種類的少量螢火蟲參雜在隊伍中。有螢火蟲在的地方，就是人類夢寐以求的生活環境，除了環境的溫濕度有講究，水質與土壤也不能受到任何化學藥劑的污染。螢火蟲默默守護著土地，也守護著喜樂小田田。雖然牠們年歲不長，卻是絢爛精彩。

我們在心裡放了一個小願望，希望來年也能帶著喜樂家族的親子們，在基地內一起窺探螢火蟲的美麗蹤跡。

耕讀，這塊被疼愛的土地

在喜樂小田田的土地上，總有很多看似沒有什麼，卻是值得花時間去琢磨的事。

時間回到一年前的春天，正式啟動復育這塊貧瘠土地的工作，期盼未來能夠迎接更多螢火蟲回家。帶著一份祝福，我們開始進行喜樂小田田基地的分區營造，也帶領親子們以友善而永續的工法參與整個過程。

百來隻的奇雞撤退後，我們從建置鎖孔花園區開始。這是第一個迷你香草花園，大家第

一次與孩子合作搬石頭，第一次與來自各地的夥伴協力。為的是幫助心智障礙者能夠輕鬆操作種植工作、營造生物多樣性、曲線造型創造邊界效應。

接著開始著手營造螺旋花園區，孩子們幫忙挖地基、大人接力堆砌石頭、挖小生態池，不知不覺愈疊愈高，瞬間變成一個螺旋大蛋糕。除了創造高低差，也種植需要不同濕度與日照的植物，利用小空間創造多樣性及微氣候，營造美學小花園。

「蹲」對大多數的特殊兒來說是很吃力的。為了營造更友善的教學環境，我們利用再回收的木棧板建造高檯種植區，帶著孩子排列種植箱造型、釘製結構，最後再將完成的高檯一起

合力扛到屋外定位。這一天，現場來了很多特教夥伴陪孩子共學，家長們也慢慢放手享受難得的學習樂趣，希望幫助特殊兒輕鬆站立進行種植工作。

基地也規劃了廚餘堆肥區，婆婆媽媽們把這段日子所收集的戰利品——廚餘——扛到山上，大家熱鬧滾滾像是要煮滿漢全席一樣，兩三下就把果皮、菜葉給切八段。孩子們也勇於動手做，不怕碰觸落葉及廚餘，邊做邊玩，體驗資源循環再利用以及友善土地的生活。

石碇雨水多，我們也規劃進行生態池區的建造，希望改善基地雨水漫流、產生防洪效果、營造生物多樣性，還有雨水回收的目的。這是

│ 與土地共築雙老夢

有史以來體力最吃重的一次！孩子們用鏟子挖泥土、挪石頭，使出吃奶力氣奮力挖，彷彿要挖到寶了才甘願停止。眼前的平地居然被我們這群都市鄉巴佬挖出四個大洞！大家直呼好累好累，但又好過癮。過了一夜，裝滿水的生態池早已進駐許多青蛙大軍，讓人身歷其境一場大自然的交響樂章。

人多，膽子就會變大。做著做著，這一路耕耘，不知不覺也讓更多動植物的棲地被營造起來。從白天到黑夜，知名與不知名的，當一個地方轉變成一塊被疼愛的土地時，它所孕育的生命能量也會讓人發光。

陪你走一段星光大道

　　轉眼間，小田田迎來另一個春天。

　　生態池像是一位母親般，孕育著生態多樣
的可能性。飛舞的鳳蝶，翱翔的蜻蜓，愛唱歌
的腹斑蛙們（彈琴蛙），還有準備迎接黑夜到
來，尋覓幸福的螢火蟲家族們。從白天到黑夜，
從寧靜到熱鬧，喜樂小田田的土地一角，是高
朋滿座的露天交響樂團。

　　四月末到來，大夥們都很好奇今年基地內
會出現多少螢火蟲？

夕陽西下，我們設計與孩子們用一個最特別的儀式，迎接這個期盼已久的時刻。「哇……螢火蟲耶！」我們靜默徒步到可食地景區的草地上，黑夜裡的許多小光點，吸住了我們的眼球，心裡一陣莫名感動湧上心頭，讓人忍不住向牠們說聲：「Hello！歡迎你們回來喔。」

不太擅用言語表達的孩子們，靜靜地站在角落，但可以感受到他們的欣喜。大人們有的靜坐一旁，有的來回走動，像是回憶起童年的生活記憶，領略黑夜裡的光為心靈所帶來的平靜與希望。

接著，我們進行了一個體驗遊戲——毛毛蟲蒙眼走路；孩子與大人各分一列，用手搭著前面夥伴的肩膀，變成兩隻長長的毛毛蟲徒步。不過，前提是全程每個人都必須閉上眼睛走路，除了必須信任前面夥伴的帶領，也藉此深刻感受自己與環境的關係，拉近與自然的距離。

屏氣凝神，每個人的心情像是走紅毯一樣忐忑著。
兩隻毛毛蟲出發了！隊伍帶著大家緩緩走過下坡，來到蜿蜒小徑，沿途除了輕盈的腳步聲，也聽見楓樹的搖曳、清脆蛙

鳴、昆蟲歌唱、溪流經過，還有大地的呼吸聲；走過一個大轉彎，我們請大家停下腳步，無法想像會獲得怎樣的驚喜。

張開眼的剎那，看見的是道路兩旁灑滿綠色光點，閃爍璀璨得讓我們都像是大明星般置身星光大道。

這片草地上的星光，是螢火蟲家族用牠們的青春與年歲，回饋給喜樂小田田的珍貴禮物。雖然牠們年歲不長，卻是如此絢爛精彩。就像十九世紀的自然科學與兒童文學家賴利所描述：「螢火蟲像是黃金的種粒，一年的耕種，結實在夜裡。成群在低空，或左或右的飛翔。」這段話生動傳達了螢火蟲一生精彩的轉變，也讓人真切地體會要獲得土地的迴響，是需要一顆柔軟而願意等待的心默默耕耘的。

昨日種種，夜晚的燦爛特別讓人惦記與紀念。

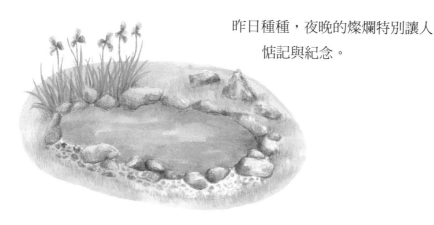

你是哪個咖？

「不用很強才開始，只要開始，就會變很強。」來過喜樂小田田的人，一定會在黑板上看到這句話。他們說，總在當下被這句話深刻激勵著，因為他們也有一個等待實現的家園夢。

每當進行基地故事導覽時，我們總會說，會來喜樂小田田的通常是三種人——怪咖、奇葩和對生活感到食之無味棄之可惜的人。你是哪一種？在大夥哈哈大笑之餘，也開始對號入座思考自己是屬於哪一種「咖」。

不只自然界需要生物多樣性，來到有人就有江湖的地方，也需要多樣性喔！

三個傻瓜

在往荒野開墾的路上，上帝總會安排幾個怪咖，陪伴彼此走一段未知而驚奇的道路。在喜樂小田田有三個傻瓜，每個人也都有一個「症

頭」。他們都是來自城市的鄉巴佬，一步一腳印，日出而作日落而息，攜手經歷一段「慢慢磨」的革命之旅。

在喜樂家族忠心陪伴特殊兒近二十年的平恭大哥，自稱「喜樂哥」的他，是孩子與家長心目中的靈魂人物，也是喜樂小田田的柴燒麵包窯窯長。平恭大哥擁有一顆赤子心，即使已年過六十，仍然老少通殺。他永遠堅信喜樂小田田會成為明日之星，時常扮演一位溫暖的好爸爸，無論大家遇到什麼瓶頸或閒聊新聞八卦，他都可以無縫接軌稱職地插上一咖。

然而，他也是一位無可救藥的「怕人吃不飽控」，就像「有一種飽是阿爸覺得你吃得不夠飽。」如果請他幫忙買一把蔥，他鐵定會給你五把；如果你想吃一顆芭樂，他絕對會送上一箱比臉還大的藍鑽等級的芭樂給你；有他在的地方，冰箱再大都不夠用。看著最近發福的鴨仔們，我們合理懷疑是他長期餵養的成果。

而永遠在活動開場時，一定會「忘記」好好介紹自己的園藝輔助治療師心恬。從北一女到台灣大學生命科學系畢業的高材生，她對植物有著一份迷戀和無可救藥的執著。

「那是人的問題，不是植物的問題喔。」心恬在喜樂小田田扮演幫助特殊兒與植物作朋友。她常說把植物種死絕對不是植物的問題，而是人的問題。

平日率直、不拘小節的心恬，只要談到植物，她的眼神、感官敏銳度、臉上表情、喜怒感知指數就會比一般人強烈好幾倍。除此，生活裡的種種，對她來說均為平行時空。心恬熱愛植物與中醫藥草研究，最擔心工作夥伴沒把自己照顧好而生病，時常擔任保姆的角色，提醒每個人要準時吃三餐。

心恬不打算與主流社會搭上線，毅然離開實驗室來到喜樂小田田築夢。她的最大樂趣是一個人與植物工作，一邊搬石頭練腹肌。常常，一整日下來，與她對話最多的不是人類，而是那隻自認也是人類的工作夥伴哈利。

堅信可以透過永續設計與美學行動，幫助特殊兒更友善實踐家園夢的，是喜樂小田田的

1_ 資深志工陳平恭、**2_** 園藝輔助治療師陳心恬、**3_** 計畫主持人江海泙、**4_** 執行長潘秀霞牧師、**5_** 副執行長林金和。

計畫主持人海泙。在喜樂小田田扮演推動者的任務，她認為時間就該投入在沒人嘗試過的地方。海泙最在意一樓門口與廁所的地板為什麼沒有保持乾淨，只要有腳印就會馬上被她消滅。大家一度以為她有強迫症，其實是內在隱藏某種程度的完美主義在跟她過意不去。海泙總是認真地跟大家說，保持乾淨的門面與廁所就是一種專業的展現。

據說，她是個喜歡穿白襯衫玩泥巴的奇葩，不會為了怕衣服髒就捨棄最能代表自己的風格。她認為就算是工人也要有造型，工作才會盡興。經歷過土磚、土窯、土椅子建造的夥伴都可以舉證。她立志當一位有風格的工人，在喜樂小田田的土地上，倒是很認份地擔任哈利的媽，還有學習如何愛上生活中的柴米油鹽醬醋茶。

　　「我們生活的每一天，都在穿越時空，我們能做的就是盡其所能，珍惜這趟不凡的人生旅程。」──電影《真愛每一天》。

無論是忠心陪伴特殊兒二十年的平恭大哥，還是對植物有著無可救藥迷戀的心怡，又或是喜歡穿白襯衫玩泥巴的永續實踐奇葩海泙，在喜樂

小田田的日子是精彩而未完的旅程，凡走過必
留下痕跡，凡走過就會有勇氣。

感性與理性的夢想家

除了最前線的三個傻瓜，一段故事之所以
動人，也因著他們的參與，而變得有看頭。一
個不平凡的計畫，往往是從一個念頭開始的。
在喜樂小田田幕後有兩位推手，一位像是媽媽，
一位像是爸爸。

土城蔡大哥是兩年前
第一個來到喜樂小田
田的熱血志工。

無可救藥的夢想家潘秀霞執行長，二十多
年前創辦喜樂家族後，過程經歷了許多特殊兒

父母的凋零，孩子的安置與安心居住，成為她最揪心的惦念。十年前開始萌芽雙老家園概念，十年後在石碇發起喜樂小田田開始實踐（實驗）。她扮演一位感性而勇於開創的母親，也是夢想藍圖的勾勒者，對於新事物從不吝放手嘗試。

既然有一位感性而勇於開創的母親，也就必然會配搭一位理性、專門把關糧倉資源的父親。人稱數字控的林金和副執行長，大家喜歡親切稱呼他一聲金和哥。他是一個家庭裡的總管，時常透過制定原則與運籌經費，幫助整個計畫能順暢運作。雖然他臉上時常帶著堅守原則的線條，內在卻擁有一顆比誰都還柔軟的心。我們笑說，築夢需要本錢實踐，找他就對了。但他總靦腆笑說，「我真的很怕接到你們的電話耶。」

在實踐一個家園夢的過程，需要一份來自「家人力量」的支持；實踐歷程中，總需要有懂得作夢的夥伴、籌劃資源的夥伴、策劃執行的夥伴以及維繫重要日常運作夥伴，這些角色可以說是夢幻的組合，而且缺一不可。

傳說中的哆啦 A 夢們

在喜樂小田田草創的第一年，如果沒有來自各地夥伴的投入及協力，我們可能連五百顆土磚都做不出來。我們都不是專職的農夫，也不會木工及水電，唯一比較接地氣的生活經歷已是童年時期的鄉野事蹟。更何況，在這無可救藥的浪漫熱血計

畫中，還必須「配備」帶領喜樂家族的親子們同行，挑戰他們從來都沒想過的一系列協力造屋運動。

做一件看似艱難的事，只要人多就不怕孤單。
曾經很好奇為何那麼多人甘願跋山涉水，自費遠從高雄、花蓮、台南、南投、台中、苗栗、新竹、桃園、基隆等台灣各地，甚至香港，來到偏遠的石碇基地協助建造小田田。原來這些無名小卒們的內心跟我們有著共同的想望，

與土地共築雙老夢

期許用自己的雙手建造一個有愛、有溫度的家。

在喜樂小田田有幾位特別的「大哥」們，總在討生活的忙碌空閒，願意舟車勞動來到現場協力，常常惦記著我們的需要。沒有他們，這座日漸豐富的家園基地，不會這麼順利的逐漸成形。

土城蔡大哥是兩年前第一個來到喜樂小田田的志工。擔任公司高階主管的他，工作之餘時常會到各地，利用木棧板幫流浪狗搭蓋臨時居所，讓牠們有個平安的棲身之處。在他身上，我們看見謙遜與柔軟身段的氣度。在任何一次的協力現場，即便有些作法與想法的衝突，他總能扮演好恰如其分的協力者角色，提供現場所需的一切。在我們對基地的一切還很生疏的菜鳥階段，他甚至自備新的沖刷機，把大雞舍徹底清洗，幫我們改造成戶外的園療教室。從洗雞舍、架大小瓜棚、做鞋架、協力設置土牆基座結構、製作鴨舍等，他總是盡心盡力。

擁有木工及水電專長的樹林盧大哥，看到我們在臉書社團發布需要工具的訊息，義無反顧馬上在隔日親自送到基地。之後許多木工及水電的問題，我們更是常常致電詢問他。古道熱腸的他，雖然自己也必須為生活奔波，然而只要山上有需要，他都盡可能抽出時間前來幫忙。從起初搭建鴨舍的木屋及圍籬、搭建遮雨帳棚，到半夜幫忙裝照明燈，後期協力設置土牆所需的基座結構、工具室隔間、施作機械所需的 220V 電纜線以及支援過夜活動的安全守衛……等。甚至有一次，從南部運送資材

的貨車卡在石碇那鳥不生蛋的半路上，都是他前往緊急救援，幫忙調度吊車。我們在他身上學習到捨己為人。

在喜樂小田田有一隻老狗威力。威力當時罹患了末期血管瘤必須時常去醫院，住在台北的亞南爸，同時也是喜樂家族志工，更是常常充當保母，排除萬難接送威力上下山。有天晚上必須把動完腫瘤手術的威力送回到基地，回到山上時已晚上九點多了，因顧及安全必須再

等一個小時才能讓威力進食，暖心的亞南爸又陪著我們到十點多才下山回家。從事身障計程車駕駛的他，更在我們那段常辦活動的日子，接送親子及參與者上下山，讓大家感到滿滿的安全感。我們在他的身上學習到願意在每一件小事上付出滿滿的真心。

位處於小里山的我們，很需要回收木棧板資源的進駐，讓看似冰冷的設施可以被改造的更溫暖一點。第一次送木棧板來就迷路半小時的桃園陳大哥，知道我們迫切需要木棧板，在確定我們不是詐騙集團後，隔日就用貨車載了一車木棧板到基地。從那時至今，他總是每過一段時間就會再詢問我們是否還有需求。他說可以把資源分享給需要的人，又看到我們把環境變得更好，物盡其用讓他感到非常開心。

住在桃園的貨運司機林大哥也算是怪咖一枚。他甘願從桃園騎機車至石碇來回穿梭 160 公里，百里迢迢為的就是支援我們拆解木棧板，支援活動、劈柴升火、製作種植箱，還協助我們將冰冷的大門口裝置成木牆，一度還讓不少經過的路人以為喜樂小田田是咖啡店呢！在他身上讓我們感到敬佩的是，在冬天騎車百公里還可以馬上上工，熱血啊！

在基地的每一處角落，都是寶貴的空間，都盡可能做到實用並兼具美觀的狀態。為了能將收納工具的區域設置成一面木作工具牆，專長修繕的鶯歌郭師父來了。他利用就地取材的方式，用回收的桌板、樑木以及棧板，將原本沒有焦點的白牆改造成一面具有粗獷工業質感的工具牆。工具陳列起來真是有型多了。郭師父的物盡其用功力，厲害、厲害！

最後是雪中送炭的石碇林大哥。在園丁及交通車還沒到位的空窗期，他扮演了一位溫暖的園丁叔叔，除了接駁我們上山工作之外，每週還特地留下來陪我們一起劈柴、除草、整理基地的大小角落。在風雨中，在烈日下，更是陪著我們一起搶救帳棚大作戰，幫戶外的土窯、土灶、煙囪穿雨衣，一個月內就收納了八回合帳棚做防颱。甚至在一次颱風過後，基地邊坡嚴重坍方，室內更是嚴重淹水，當下無助的時刻幸好有他的陪伴，我們才能從容處事。對於他一路的不離不棄，我們感動在心頭。

　　熱血的哆啦 A 夢們，總是在彼此身上看見自己可以貢獻的地方。每當看見他們辛勞後的喜樂神情，敬佩之心油然而生，羨慕他們擁有連年輕人都自嘆不如的好體力，更感動他們以無私的奉獻來展現自己的生命價值。雖然我們的「眉角」真的很多，他們還是很專業的完成那使命必達的任務。

　　一個人的信心會用完，三個人在一起就不孤單，而十個人一起共創，做什麼都有力量。

Chapter

4

雙　老
練習曲

這是我們在石碇的一段真實
紀錄。七個媽媽＋七個特殊
兒，決定鼓起勇氣走入石碇
山城，學習用孩子單純的眼
光過生活，展開一段，屬於
他們的雙老練習曲。

我們都需要練習

　　一群與土地零互動的家庭，他們唯一的共同點，就是身邊都有一個特殊的小孩。一個偶然機會，他們決定跨出安逸已久的舒適圈，展開他們這輩子第一次的雙老練習曲。

　　2019 年，「雙老生活練習曲」計畫啟動，延續喜樂家族堅持不把孩子藏起來的理念，試圖推動「一對親子＋一群左鄰右舍」就能誕生一個聚落的互助生活概念。因為我們都需要一個練習；練習與彼此相處，練習與左鄰右舍共生，練習與大自然合作，練習如何緩慢過生活。重新提煉自己對於家、人、窩（居所）所賦予的想像與意義。

　　為什麼想要在一起生活？因為我們變老了？因為孩子有需要？因為……

其實雙老練習曲的概念早已悄悄啟動。時間回到 2017 年 6 月，喜樂家族開始籌劃「喜樂小田田」，以創新的參與方式帶著特殊兒家庭暫離城市，前進石碇山城「練習」、「實踐」一個可以永續走下去的友善模式與實作。

電影《練習曲》敘述一位聽障青年，在大學即將畢業之際，決定騎單車挑戰環島的夢想。片中這句經典的勵志金句——「有些事現在不做，一輩子都不會做了。」在當時激勵許多人走出舒適圈，點燃自我實現的勇氣。

「有一種不行，是大人自己覺得不可行。」我們難免會因著主觀及客觀條件，為身邊的特殊兒選擇他們應該需要什麼，或不需要什麼。而接觸自然與農作這件事，彷彿只能宿命的認為那是森林小學、體制外學校、自學團體，又或是「等我老了之後就去當農夫」的念頭出現後，才能擁有的生活方式。所以接觸自然與農作更不會成為他們的主流生活經驗及家長的首選。

在雙老生活練習曲行動中，採取更聚焦在陪伴特殊兒親子實現「從小地方且能力所及之處開始做起」的精神，以 30% 工作培力、70% 緩慢生活療育的「過生活」設計比例，從能做的開始做起，循序累積有趣的農作生活經歷，從中發現自己也辦得到的驚喜。

我們觀察並相信，有幾個面向是值得我們陪伴特殊兒家庭及

對於心智障礙族群，感到陌生與不解的朋友，可以嘗試一起練習的全民行動：

一、練習，與孩子慢慢變老

隨著父母與孩子慢慢雙老了，最放心不下的就是身邊的孩子，不久之後的未來會是什麼模樣？誰可以陪伴他？他能自己生活嗎？怎樣的生活模式叫友善？開放自己與孩子一起練習迎接慢慢變老的生活經驗。

二、練習，1 + 1 ＝一個不孤單的家

一對親子＋一群左鄰右舍，營造一個具備情感支持系統的聚落（人、家、互助模式），透過共學、資源分享、友好環境的模式共創。

三、練習，在日常農作發現不凡的自己

從事農作活並不是要我們成為一位農夫或遠離城市。我們需要實際走入自然裡與土地重新連結，透過最日常的農事工作幫助自己鍛鍊耐力、體力、協力，找回最基本的過生活能力。我們將會與孩子一起實踐與土地的工作、與火的工作、與水的工作、與動物的工作，還有與家人的工作。

四、練習，一起共好

想像一下，在一個未來雙老家園裡，誰最需要被服務？是看似較弱勢的人？行動不便者？年長的夥伴？還是自己？在這裡，每個人都是獨特而重要的角色，一起練習為同伴添一碗飯、練習等候未完成工作的人、練習在沒有信心與把握時能尋求協助、練習用支持的言語給對方力量、練習幫助同伴成為更幸福的人。

五、練習，帶孩子跨出舒適圈

「有一種髒，是媽媽覺得泥土很髒。」開放自己與孩子接觸有別以往的人事物，尤其營造一個充滿樂趣而友善的農作培力環境。

展開練習生的日子

七個媽媽加七個特殊兒，決定鼓起勇氣走入石碇山城，學習用孩子單純的眼光過生活，展開一段屬於他們的雙老練習曲。

在韓國的演藝圈有練習生制度，在喜樂小田田也有。在帶領喜樂家族親子展開「練習生」的行動前，我們做了一個儀式，這個儀式將是他們能否夠順利成功挑戰三天兩夜的雙老練習曲關鍵。

對喜樂家族的親子來說，關於石碇山上一切好的、不好的傳說，他們似乎比誰都清楚。但是俗話說百聞不如一見，雖然只是台北到石碇的距離，即便開車只要二十二公里，而且三十五分鐘就到達，他們忐忑的程度就好像明天要出發去非洲一樣。

一個星期天的午後，我們特別進行了一場「行前對話工作坊」，說是對話，其實是想了解他們擔心的是什麼。

你最擔心的是什麼？你最需要的幫助是什麼？你最期待的收穫？

解鈴人還需繫鈴人，而關鍵人物並不是你，也不是我，而是在每一位為母則強的媽媽們身上。雖然正式的雙老練習曲還未開始，這場短短兩小時的精彩行前對話，已經揭開序幕。

「我擔心沒熱水洗澡、我擔心晚上睡覺太冷、我擔心孩子睡不著、我擔心孩子吃不飽、我擔心孩子不聽話、我擔心孩子會影響到別人、我擔心……」媽媽們拋出心裡的擔憂後，我們順勢帶大家做了一個「練習」。

分組後，大家針對彼此所擔憂的問題，練習給予正面、實質、同理、支持性的回饋。大家為了幫助彼此可以更好，都把握這難得的對話機會。而身邊的孩子有的已經趴著、有的靜坐一旁、有的自己在畫畫，似乎以另一種方式記錄這特別的一刻。

突然，在一陣對話與梳理後，我們看見每個人已經從「被動服務者」進化成有力量的「主動參與者」了。更讓我們欣慰的是，在一陣七嘴八舌之後，有媽媽跳出來提醒地說，我們還有土灶啊，有土灶就不用怕沒瓦斯、沒熱水洗澡、沒飯吃啦……。

感謝上帝，他們愈來愈接地氣了啊！

已經洗了一場三溫暖的我們，教室裡充滿暖暖的熱能量。雖然有人臉上仍有些許的未知感，但每位大人、小孩、助教以及老師們，瞬間拉近了距離。

「其實也沒想像中那麼困難，我們太過擔憂啦，現場有什麼需要就彼此照應一下。」散會後一位豁然開朗的媽媽跟同伴這樣說著。

　　看著大家離去的背影，我們相信，他們的勇敢將會為彼此帶來一段精彩而難忘的生命之旅。

大家合照紀念完成雙
老練習曲的序曲。

｜ 與土地共築雙老夢

　　我是憑著信心報名雙老家園練習活動，但是瞞著俊廷報名的。因為俊廷是超級觸覺敏銳的孩子，只要用手操作的任何事，對他來說就如同一群螞蟻在手上行走，極其難受。而山上的活動都必須用手操作完成，如做鹹鴨蛋、竹筒飯、烤棉花糖、練習製造風、認識水生植物、用碳盆做午餐、打掃環境等，參與活動的每一個過程都需要用到雙手。上述的種種課程，雖然俊廷都只站在旁邊觀看、欣賞、聆聽，但他很享受每一個活動的過程。對他來說，站一整天需要體力，也需要耐心。我覺得這對他來說都是一種學習、一種進步，而他做到了。

　　第一天晚上九點活動結束，我們回到三樓的房間，同房的是昱筌母子，俊廷和昱筌第一次同房都很開心。梳洗好，我們準備睡覺時，俊廷拿出兩條大毛毯，一條鋪在床上，他睡在毛毯上，另一條蓋在身上；蓋在身上的那條玫瑰花大毛毯平常都陪伴著俊廷睡覺，俊廷都叫它花花；蓋著它就有安全感，俊廷很快進入夢鄉，一覺到天亮。我出發前所擔心的事——他吵鬧著要回家——並未發生，真是幸福。

與土地作朋友——
特殊兒的野趣生活

在這段三天兩夜的旅程中，參與的家長們
100% 都是第一次練習帶著孩子住在喜樂小田
田。他們全副武裝帶著身邊的孩子，準備一起
經歷這段未知的歷程。

只是，短短的三天可以讓他們經歷什麼？

第一天，就把老師們給嚇到了！

傍晚 4：30 報到，大家陸續將行李擺放就
緒。咦？獨輪車裡放的是什麼？本來以為平恭
哥是在搬運泥土，想不到獨輪車裡居然全是食
材。原來是昱筌媽媽把所有人三日份的食材全
都買齊了。於是，喜樂家族親子第一次到基地
的雙老練習曲，就在這大開眼界的插曲中粉墨
登場。夥伴們笑說，第一堂就要練習吃到飽了
嗎？

雖然在大家上山之前，我們特別安排了行

前對話工作坊，以及要求家長前兩週先帶孩子到現場熟悉環境與農務後，再觀察適合與否，不過仍有突如其來的插曲不在我們的意料中。

每週與媽媽上山到喜樂小田田擔任一日農夫已將近十次的哲謙，對於環境是比較熟悉的。平時貼心的他，但傍晚到達基地時，明顯可以感受到他低氣壓的情緒。老師邀請哲謙在教室與大家一起剝蒜頭，準備晚餐，他突然情緒爆發出手掃了隔壁的東隆與蒼泳，也差點把戶外的大儲水桶翻倒。這時有喜樂哥之稱的資深志工平恭大哥隨即上前擁抱及安撫哲謙，幫助他先把情緒穩定下來。

既然是「練習」，第一天晚上的第一個練習課程對每個人來說是很重要的，因為這是凝聚團體動力的關鍵環節。正當我們要開始進行第一個練習單元時，平恭哥因為公司有突發狀況必須馬上下山處理，事出緊急，於是由這次擔任園療助教的建益開車送他下山。面對團體突然少了兩位重要的夥伴，一種不完整的不安全感湧上心頭，像是缺了什麼依靠。

心情洗了一陣三溫暖後，特別上山探望大家的潘牧師剛好到達基地，她特別帶大家一起為平恭大哥、參與的親子們心靈平安禱告，祝福每個人都能在放慢腳步中，經歷豐盛的練習旅程。

第一天的練習就考驗重重，原本缺少的那份依靠，在平安的禱告聲中被支撐了起來。我們也在既來之則安之的啟示中，以平常心面對那份未知的考驗。

七個快節奏的媽媽與七個慢半拍的特殊兒，他們的野趣生活

會是什麼模樣？與土地作朋友會遇到什麼挑戰？在石碇山城的生活奇遇，粉墨登場。

野地菜市場

無論你來自哪裡，大自然都會無條件的接納你。

這次的雙老練習曲，每個孩子與大人都必須練習用緩慢的步調學習與大自然一起工作。「呵，他們動作本來就很慢啦。」一位媽媽笑說現場的每個孩子幾乎都是慢郎中，三不五時會注意力不集中，情緒來的時候還會固執很久，想快也快不起來。關於放慢節奏這件事，是我們這些身手矯健的大人們需要跟這群孩子慢慢磨的。「放慢」對他們來說非常考驗，但若沒有讓自己嘗試看看，也真的不知道會磨出什麼。

這天寒流剛好來襲，氣溫徘徊在 15 ～ 25℃ 之間的體感，讓我們難得跟著山上的節奏體會真實生活的變化。不過號稱城市肉雞的大家，似乎已經預備好闖蕩江湖的勇氣。

媽媽們嘰哩呱啦熱鬧地帶著孩子走到下坡可食地景的方向，樹梢上有幾隻吱吱喳喳的鳥像是在跟同伴通報有人來了。大家經過生態池馬上嗅到一股清新的氣息，石頭縫、石階上、泥土地，還有生態池裡長著混搭的植物們。媽媽們忍不住好奇東問西問，希望可以知道原生植物的特性與生活用途。一旁的孩子也在媽媽

與老師的鼓勵下，練習觸摸、摘採、嗅聞著植物所散發的香味層次，雖然不見得能記下許多植物名，味道卻是植物與他們 Say Hello 的言語。

「每一片葉子都有言語，每一朵花都有聲音。」——馬偕博士。

在喜樂小田田裡，植物的存在本身就是一種療癒。隨著各處角落的條件不同，孕育著許

多原生植物、野菜及藥草。為了幫助這次上山的七對親子能夠自在的與自然連結，特別設計了高度「生活感」的參與式園藝輔助治療工作。透過有次序及單純的操作步驟，提供特殊兒一個親自經歷自給自足的探索空間。

雖然是片刻的山居歲月，七個快節奏的媽媽與七個慢半拍的孩子，也成為石碇景色的一角。一個喜愛拈花惹草的大人身邊，也會跟著一位喜愛接觸自然的孩子。

喜樂小田田是個天然的菜市場。因著石碇環境潮濕的特性，基地周邊生長了許多魚腥草，它是台灣人生活中必備的天然抗生素，雖自帶特殊的魚腥氣味，卻能給菜餚增添迷人的回甘滋味，更能馬上喚起媽媽們過往的生活記憶。

在可食地景上，三五步就能遇見一朵朵以葉片組成花型、平貼在地面上的車前草，天生具備在堅硬而貧瘠的土壤中生長的能力，甚至在車水馬龍的大街旁都能生長得很好，也是陪伴身體好好度過夏日的清熱利尿藥草，讓原本單調的走道增添許多綠意。

而以優雅姿態蔓延整個生態池邊與走道的水薄荷，獨特沁涼的薄荷味更是讓大家愛不釋手，用手摘採或在除草時便能嗅聞到一股小清新的氣息。它是優雅的伊人，能夠抑制害蟲也能吸引食肉性蟲類，並讓蟲類可以吃掉害蟲，進而幫助植物生長。

還有分布在基地各處的水芹菜、水冬瓜、桑椹、野牡丹、蛇莓、酢漿草、昭和草、咸豐草、龍葵、繁縷、野薑花、月桃……等，像是野地菜市場一樣，讓人享受隨即摘採的滋味，信手拈來就是一道療癒的菜。它們是基地裡的「原住民」之一，憑藉著強韌的生命力在逆境中尋找出路與陽光。

植物是很好的老師，是一位很棒的醫生，也是生活日常的朋友。練習從播種、經歷花開與花謝，從無到有，感受自己的付出是被需要、被接納的，深刻經歷植物帶給人的療育力量。就像台灣第一位引入園藝輔助治療工作的黃盛璘老師所說的，「很多植物都很想照顧我們，只是我們不知道。」

孩子，一起做竹筒飯吧

　　靠山吃山，基地周邊有一片竹林，竹子在喜樂小田田時常扮演供應土灶、柴燒麵包窯起火的角色，搭設瓜棚架與農務的應用也都派上用場，是非常實用的天然就地取材資源。其實，鋸一根竹子真的沒有什麼，但是對於特殊兒來說，機會幾乎是零。

　　「哇，他把竹子鋸成兩節了。」
　　午後大家分組分工開始鋸竹子的任務，此起彼落的歡呼聲，是媽媽們第一次見識到孩子在群體力量的陪伴下，也能激勵孩子勇於嘗試鋸竹子任務。大家逗趣笑說沒努力就沒有飯吃啦，要繼續拼命喔。

　　天然的滋味是迷人的。將竹子處理就緒後，媽媽與孩子開始填裝糯米，並應用月桃葉封口，還沒吃到竹筒飯，光看排列

在土灶旁那一支支的竹筒，就讓視覺感到療癒。傍晚，竹筒飯終於出爐了！大家圍在土灶旁，像是等待領獎的小學生一樣非常興奮。

令人期待的時刻到來，昱筌、東隆、蒼泳、宇軒、俊廷、昆峰以及哲謙等七位型男主廚們輪流上場，練習拿柴刀將竹筒剖開。一旁觀看的媽媽們比當事人還興奮，他們幾乎都是第一次製作竹筒飯，每剖開一支就驚喜一次；有的是一條完整的漂亮米飯，有的雖然米粒有點鬆散，但不影響軟Q的清香口感。

夜晚的空氣中瀰漫著糯米與竹子的香氣，大家忍不住多吃了好幾口，還有媽媽吃到吐大氣地攤在椅子上嚷嚷著說「實在太飽了啦」。

許多特殊兒因著動作慢、需要長時間反覆練習，所以鮮少有機會與家人一起手作準備三餐。在喜樂小田田的30%生活培力、70%學習緩慢過生活的模式中，先營造安全感與趣味，再提供生活耐受能力的訓練。

一個藉助現地的天然資源，延伸設計成具備生活感的學習內容，對於期待能與自然一起工作，一起經歷園藝輔助治療如何幫助特殊兒在情緒、學習、生活及自我肯定上的參與者（或教學者）來說，是值得投入時間去實踐的。

炭盆裡的棉花糖

這趟雙老練習曲像是湯姆歷險記一樣，基地各處都要來探索一下。與植物相處一天後，晚餐後是讓腦袋放空的時刻，大家閒坐在土椅子上感受炭盆傳來的溫度。

「太夢幻了！」大家驚喜著炭火營造出來的氛圍。

老師突然拿出一包棉花糖，並發給每人一根烤肉叉，大家很有默契的馬上圍坐在炭盆旁，開始烤起棉花糖。沒多久，整個屋子瀰漫著棉花糖淡淡的甜味，瞬間讓所有人秒變兒童，喜孜孜地在炭盆上烤棉花糖，一邊閒話家常。

「這個棉花糖香香的。」坐在媽媽身旁的昆峰，把鼻子聞到的感覺跟大家分享。這是一個很有趣的體驗，很像一把童心的鑰匙打開了每個人最單純的一面。雖然有人的棉花糖烤焦了，但那份甜甜的滋味就足以讓人忘掉所有煩惱了。在溫度、氣味與情感的連結中，媽媽看見孩子自在的接觸炭火，自己也與其他家長有更多交心的機會，許多離開台北後的忐忑不安，已隨著棉花糖的滋味漸漸飄散。

與土工作──
小田田可食地景

門前的槭樹默默換上橘色系的頭髮，路旁的九芎安靜掉著黃葉，預告它們即將暫別，春天再見！

媽媽與孩子們穿梭在詩意的小徑上，有人拿著竹掃把、有人拖著麻布袋、有人推著獨輪車，練習分工與收集地上的落葉，也練習用緩慢的步調過生活。

小徑上掃落葉，收集堆肥材料。

天氣忽陰忽晴，雖然太陽沒有常常露臉，掃把掃過落葉的沙沙聲療癒著耳朵和眼睛。在勞動之中，在大自然懷裡，累積讓人勇往直前的自信。

早晨的光與影、人與空間、力與美，還有等待我們填滿夢想的可食地景，我們來了。

雙挑大樑的人生

「一根扁擔軟溜溜地溜呀呵嘿，軟溜軟溜軟溜軟溜溜呀呵嘿……」許多人聽過民謠「一根扁擔」的曲子。不過很少人知道詞意背後也詮釋著，挑扁擔雖然很辛苦，但是有扁擔可以挑也意味著辛苦耕種的作物沒有被天災毀損。對靠天吃飯的農夫來說，路再遠、貨物再怎沉重，有扁擔可以挑就是幸福的事呢。

大家七嘴八舌討論著如何兩人一組練習挑扁擔，好把一些土運到可食地景區做堆肥。沒用過扁擔的昆峰，很直覺得直接把扁擔放在頭頂上，逗趣又可愛的模樣真讓大家哭笑不得。

「1、2，1、2，1、2……」昱筌與東隆戴著斗笠像是兩個城市鄉巴佬，有模有樣地挑著扁擔為可食地景上的小田田覆蓋種植土。對於農務工作還不熟悉的他們，挑起扁擔還真有三分樣。媽媽們笑說架勢有 100 分喔。這是他們有史以來第一次經歷挑扁擔的滋味吧。媽媽們都非常自我約束，遵循讓孩子自我探索的原則，沒有插手太多。

練習當一位單純的「練習生」，收穫有時遠比想像的還來得多。

　　一根扁擔在喜樂小田田也是練習協力的工具。有些特殊兒的手部肌肉比較沒力，所以無法用扁擔獨挑大樑，不過他們卻可以透過兩人合作的模式一起搬運很多東西，來回許多趟都不會累呢。

　　時間回到幾個月前，曾經與哲謙攜手合作過一次運了五十多桶土的平恭哥笑說：「用扁擔運土讓人有種熱血青春重返二十出頭的感覺。」不過他後面沒說完的是，這種感覺僅止於在當下，回到家他就掛了。這是神人版等級的功力，叔叔有練過，不要學喔。

1_ 昱筌與東隆合作挑扁擔。2_ 昆峰原本把扁擔逗趣的放在頭上。

在喜樂小田田的工作，是需要細水長流的。操之過急或用蠻力自己來都很容易陣亡，因為熱情是需要續航力的。這也是為什麼我們一再提及「緩而慢、小而分散」的態度在喜樂小田田是非常重要的。我們需要帶孩子參與，而且是創造機會讓他們一起來參與。

我們的關係花園

在整理可食地景時，每一對親子被分配到一塊「小田田」，也就是一個圓形的迷你菜畦。每個孩子對某些事物的執著度不同，熱愛挖土的宇軒就把媽媽給惹毛了。

宇軒蹲在菜畦前，與媽媽一起合作幫小田田作堆肥。鋪上麻布袋，撒上一層落葉，再混合一些稍早收集來的泥土與鴨屎，早已沉浸在忘我境界的宇軒，突然把媽媽鋪排好的堆肥整個掀起甩到一邊。他堅持不恢復原狀，也使出盧功與媽媽僵持不下，媽媽從昨天就開始累積的壓力瞬間升到頂點而爆發了。宇軒媽媽從決定報名參與雙老練習曲開始，就非常擔憂孩子的不受控會造成團體的困擾，於是時時刻刻留意著宇軒的一舉一動，精神一直緊繃著。

課後宇軒媽媽堅決的向老師預告，日後她再也不會帶宇軒來山上參加活動了。孩子不受控，沒有人可以體會她的巨大壓力。宇軒媽媽選擇關上門，不希望任何人再來說服她。

宇軒與媽媽合作整理菜畦，沉浸在挖土的樂趣中。

天下父母心，這突來的插曲讓我們有些擔心與失落。一方面深切同理為人母的心力交瘁，一方面心裡明白需要給宇軒一點時間才能轉變。

身為教育工作的一分子，我們相信雙老練習曲並不是一場單純的三天兩夜試住活動，或是一場年底的成果發表。我們似乎看見，上帝給予的這塊友善土地是這個孩子所需要的。即便在有形與無形中，孩子已經理所當然的被主流社會或自身眼光標籤化為「不受控、魔王等級」的族類。

過了一夜，我們慢慢收拾昨日的低氣壓心情。時間飛快已經來到練習曲最後一天了，不知道劇情會如何發展。

「老師，拍謝啦。」宇軒媽媽一早就友善的主動向我們打招呼，表達前一天歷經與孩子、老師糾結的爭戰心境。

「吼，媽媽，我會怕妳耶。」幽默是化解衝突最好的橋樑。和宇軒媽媽彷彿一笑泯恩仇後，我們忍不住開玩笑說其實八點檔都是這麼演的啦。雖然八點檔已落幕，我們也看見「家人」背後的那份支持力量的重要。

　　其實，在宇軒與媽媽衝突的那天晚上，我們還做了一個練習。我們邀請每一位參與雙老練習曲的媽媽以及園療助教們（麗修、京蔚、建益），特別送上愛的抱抱給宇軒媽媽，給予她支持及鼓勵，雖然每個人的關心都是短短一句，卻讓整個團體動力與情感流動了起來。

　　從可食地景到家人的關係花園，這塊土地孕育了很多可能性。在喜樂小田田的可食地景並不單純只是提供吃與觀賞的場域，它可能更像是幫助我們磨練親密關係的關係花園。我們期盼在不久的未來，可以在這裡隨手摘採自己種的作物，親自下廚與大人孩子分享。而由特殊兒一起灌溉的可食地景，也將賦予更多的想像及可能性。在這裡，每一種植物都有自己的特色與價值；可以賞心悅目，可以療癒，也可以被食用。不久後這裡就是孩子的療癒花園了。可食地景可以是營造園藝輔助治療的花園、孩子的遊樂場、創造生物多樣性、創造生活情感連結、生活美學、推廣食農教育、體驗自給自足、資源循環再利用、幫助降低熱島效應、自然教育探索⋯⋯等。

　　在這座充滿無限可能的關係花園裡，你我都是園丁，只要願意細心灌溉，它將回饋給你的必定超過所求所想。

姚淑清 ▌特殊兒家長

雙老練習曲讓我發掘孩子的潛能，練習掃落葉堆肥、兩人用扁擔一起合力抬起一桶土、練習起火，教孩子們切洋蔥、剝大蒜、摘地瓜葉、削蘿蔔、馬鈴薯、切豆干……等，盡可能讓他們自己動手做，練習怎麼劈柴、怎麼用鋸子鋸木頭。我自己試過鋸木頭，並不簡單，東隆卻能很專注地一口氣鋸斷比自己小腿肚還粗的木頭，而且因為大家的鼓掌加油，他持續鋸了好幾段，讓我讚嘆不已。

最後打掃環境時，我才發現東隆能獨立完成拖地，把廁所拖得明亮乾淨。這兩天半的雙老練習曲要感謝所有參與的老師、助教、志工、家長，讓我覺得很療癒和感受到滿滿的愛。

鄭麗修 ▌園藝實習助教

這三天的山居歲月，跟著媽媽們和大孩子們在土窯前、田園裡、溫暖的炭火旁，一起上課、一起遊戲、一起吃飯，聽著媽媽們的故事，感受著大孩子們純真的表達，有好多的感動仍舊餘音繞樑。

坦率直接而又充滿活力的宇軒，蒙眼唱歌走下石階，單純的快樂，心無旁鶩地無所畏懼；他還在田園裡縱情的放聲高唱；推著一車重得連我都推不太動的濕落葉，爬上坡去，他喘吁吁地堅持把車子推到目的地。宇軒的信任和率真的性情令我感動。

與火工作——
土灶生火煮飯

當特殊兒遇見「火」，會碰撞出什麼火花？

在喜樂小田田生活的日子，三餐都必須由親子們親自分工準備。練習為家人及左鄰右舍精心準備桌上佳餚，絕對是最幸福的時刻。

「嘿……走走走！」宇軒揮揮手命令旁邊的人退下，準備發功的他感覺架勢十足，從專業的肢體語言看來哥哥是有練過的。

「來啊！來啊，繼續……唷呼！」後台的媽媽們被逗樂了，此起彼落的歡呼與起鬨更激發宇軒的表演戲胞。現場瞬間時空切換，有種在馬戲團準備跳火圈吞火球的氛圍。整座野地廚房隨著大家的歡聲雷動，沸騰了起來。

眼前的情境，不禁讓人聯想到法國作曲家聖桑的《動物狂歡節》，樂曲中生動逗趣地描繪了幾種動物的特性；奔馳在原始叢林的獅子、雞兒的八卦與爭食、奔跑競逐的野驢、龜速前進的烏龜、搖頭晃腦的大象、跳躍的袋鼠、悠遊的魚兒、清脆的鳥叫聲以及高貴優雅的天鵝等。

看了看現場的陣容組合，相信我們的媽媽與孩子們也可以譜一首快轉版的動物狂歡節了，而且絕對以馬戲團等級的水準火熱放送。

與火工作的馬戲團團長

午餐前，飛魚老師教導大家練習起火，也練習與火工作。

火，是很奇妙的元素，尤其在寒冷的季節及濕度高的環境，更是增添暖意與安全感。火，也是喜樂小田田很重要的自然教學元素。不過多數的爸媽對火的印象是危險的，所以不會讓孩子輕易接觸火源。

老師鼓勵有點怕火的哲謙，上前試試將一把木柴放進窯裡，並且示範起火過程容易被忽略與 NG 的環節。哲謙帶著些許成就感的表情回座位後，幾個孩子也陸續上前初體驗與火接觸的滋味。接著輪到從沒接觸過火的宇軒上場，看他架勢十足的模樣鐵定是很厲害。

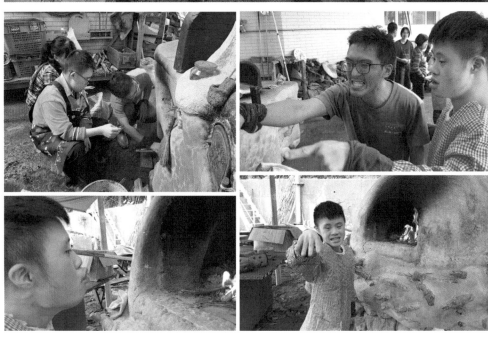

「啊呼……」宇軒吹了一口氣，想模仿老師起火，本以為他要自己發功，結果有點害怕的他馬上架著老師過來當前鋒，「下令」再示範一次給他看。

在老師幫忙壯膽後，人來瘋的宇軒馬上支開媽媽與旁人，他好像吃了大補丸般鏗鏘有力的歡呼起來，手舞足蹈熱情與火互動。呃……這是傳說中的 R&B 嗎？跳得出神入化的他，現學現賣，像是馬戲團的耍特技，最後還不忘給自己來個掌聲鼓勵鼓勵。後台一票媽媽與老師們早已笑得東倒西歪，佩服他超級入戲的精神。從那天後，我們給宇軒起了一個封號——馬戲團團長。

起了火的柴燒麵包窯，為大家烤了好多香甜的地瓜。透過食物成為媒介，幫助孩子練習與火工作，溫暖的滋味讓人難忘懷。

燉小田田紅燒肉

昆峰媽正在土灶前為大家精心料理一道紅燒肉，濃郁的家鄉味氣息隨著煙囪、灶口飄散在整個野地廚房區。當下心裡有股感動湧上心頭，這就是家的味道了。

「火不夠喔。」昆峰媽與另一頭正在顧火的蒼泳提醒。對補充柴火還不太熟悉的蒼泳，觀察老師示範放了一塊木柴進去後火量變大了，於是他也跟著拿起夾子幫忙準備出爐的紅燒肉加添柴火。蒼泳第一次練習接觸火，想不到他適應得很快。有

些意外的是他沒有感到畏懼，反而非常自在且開心地與身旁的平恭哥和老師們一起工作。

「哈……臉黑掉了。」老師忍不住笑說。原來蒼泳臉上都畫了煙燻妝、眼睛也被燻了好幾下，他還可以繼續工作啊。蒼泳回頭對老師滿足地傻笑了兩聲後，又繼續專注在顧火的工作上。

有人負責顧火，當然也要有人收集木柴了。昱筌在一旁努力幫忙鋸了好幾段竹子，東隆也用柴刀練習劈了幾根木頭，大家熱鬧地同步為晚上的手作竹筒飯預備材料。

「哇！小田田紅燒肉。」眾所矚目的紅燒肉終於出爐了。昆峰媽為這道美食取了一個恰如其分的名字，這頓午餐真是太豐盛了啦！

在與火工作的歷程中，幫助大人們看見特殊兒的無限可能，也觀察到每個孩子其實也很

渴望透過自我的探索，創造屬於自己的成功經驗。這份成就感是大自然提供的機會，讓我們從練習、熟悉、接觸生活中原本被隔絕的生命經驗。也讓火的溫度，引領我們再次重新認識自己的家人，共創那道美味的人生佳餚。

■ 李京蔚 | 園療實習助教

在喜樂小田田，喚醒心田中溫暖火苗。

在雙老練習曲的行前對話工作坊中，聽著每位媽媽們說著過夜出遊的種種擔心，我很難想像接下來「學習生火」的活動會如何展開，沒想到此行最大的收穫，就是和大孩子們重新認識「火」！

從夜語點起的小小燭光，到土椅周圍的溫暖炭火，再到土窯升起的熊熊烈火，也讓我的心靈火苗逐漸燃燒壯大起來：東隆練習使用鐮刀將竹材剖半，為土窯添柴火；昱荃練習不害怕火的炙熱，對準火底吹氣；宇軒以手舞足蹈的熱情儀式，回應從窯口向上竄出、發出劈劈啪啪聲響的火焰；蒼泳有耐心的坐在爐口前，練習拿著有些重量的長夾添加柴火；哲謙練習將香菇夾到烤盤上，觀察香菇色澤的變化再翻面烤。

從火中克服恐懼獲得勇氣、聽到不同火聲、感受不同火溫，這三天和大孩子們一同感受到火的不同魅力，活動雖然結束了，卻溫暖了我的整個冬天！

與動物工作——
與小狗鴨仔作朋友

「汪汪汪……」哈利牌鬧鐘又響了。一早七點多，就聽見哈利鏗鏘有力地對著樹上的鳥兒叫，日常有任何的風吹草動，都逃不過哈利的監督。在可食地景區旁的鴨仔們也早起做運動，排排站輪流下水悠哉地漂浮在池塘戲水。

在喜樂小田田有幾位特別的「工作夥伴」，分別是狗仔與鴨仔。牠們的定位並不是寵物，而是一起服務特殊兒、執行工作任務的夥伴。

多雲的早晨，一樓門口也很熱鬧。第一次在喜樂小田田過夜的大家，似乎還在適應新環境的節奏。聽說前一晚撐到凌晨兩點多才睡的蒼泳，瞇著像一條線的雙眼，很認分地與媽媽準備去拔草。戴好斗笠與手套，準備上工，蒼

泳發現哈利正站在門口對自己搖尾巴，他隨即緩慢的向前伸手摸了摸哈利幾下。嗯，不錯喔，交了新朋友，看來哈利沒有拒絕他耶。

這是我們期待看見的溫馨畫面。因為多數的特殊兒是害怕動物的，通常家人也都採取比較保護的措施，所以鮮少有機會幫助他們與動物建立友善的關係。我們認為在喜樂小田田的每一分子，都需要練習「連結取代隔絕」。在允許的條件下，盡可能幫助特殊兒與生活環境中的動植物，築起友誼的橋樑。

在一個永續家園概念基地裡，每一個元素都需要與環境、人、物連結，他們有專屬於自己的任務及功能，像張蜘蛛網一樣開展，支持所需的運作。

與汪星人的減敏運動

完全沒有意識到自己已經長大的哈利，時常以高飛狗的姿態出場，自戀自己還是個小鮮肉，更喜歡在大家最忙的時候要

人跟牠玩，無時無刻黏緊緊，是一隻非常刷存在感的汪星人。三歲的牠，是米克斯混合拉布拉多 DNA 的血統，神聖的任務是擔任家園守衛，幫助孩子減敏，以及協助人類如何與汪星人交朋友。

「老師，哈利幾歲？我可以摸牠嗎？」昱筌問。他與媽媽及助教老師們剛鋸完竹子，媽媽超級佩服地讚美他：「你好棒啊！」不過昱筌的注意力並沒有在歡呼聲中停留太久，隨即把注意力轉移到哈利身上。昱筌帶著既期待又害怕的肢體語言，幾度嘗試希望與前面這位陌生的汪星人交朋友。

從那時候起，昱筌總會利用與大家工作後的休息片刻，殷勤詢問他是否可以摸哈利。直到他再次鼓起勇氣伸出不斷顫抖的手迎向哈

利，當下正在放空休息的哈利也很友善的讓他「摸」了一下。聽媽媽說，昱荃其實滿怕狗，他可能都不會如此主動接近家裡的狗，而他卻不放棄的主動釋出善意與哈利互動，讓人很意外，他可真是很勇於自我跳戰呢。

午飯時間到了，大家在土灶區忙進忙出，東隆剝完蒜頭後默默地飄到哈利的窩附近。他戴著黑框眼鏡、動作悠慢，像是一位超齡的淡定少年，靜坐在哈利視線前跟牠聊起天來。「哈利，要乖喔。」他起初有點反感哈利的吠叫聲音，還不時提醒牠「恬恬」，突然慢慢靠近哈利給了牠一個溫暖的「呼呼」。哈利似乎也感受到東隆的友善，一雙圓滾滾的眼睛發萌地與東隆對望。玩心很重的哈利，對於十二歲以下的小孩反而不太感興趣。尤其面對喜歡尖叫、嬉鬧、不守規矩的小孩，牠更是像管家婆一樣會嚇阻管教。對於東隆的穩重與溫柔讓牠很安心。

▌紀念威力爺爺

在哈利被領養到喜樂小田田之前，原有一隻非常紳士的德國牧羊犬威利，牠是基地資歷最深的守衛，也是哈利在小田田的第一位朋友。威力是一隻非常優雅而有修養的老狗，年少時冠軍事蹟輝煌，退休後定居山城。因為牠的紳士與從容，讓許多原本害怕大狗的孩子，漸漸習慣牠無威脅的存在。威利年老之後罹患血管瘤，幸好有哈利陪伴牠度過不孤單的生命晚年。僅此短文紀念威力的貢獻與付出。

看來，他們成為知己了。

在孩子身上我們看見勇於嘗試的力量。透過與哈利的互動，幫助特殊兒練習適應、降低對環境的防衛及過度敏感。我們也在哈利身上看見被愛的力量，除了孩子們給予的疼愛，基地時常還有許多活動與人的進出，完全幫助牠練習社會化以及滿足愛湊熱鬧的特質。

零鴨蛋的幸福

只有19℃的鴨池很冰冷，不過鴨仔們天生配備百萬羽絨衣不怕冷，好像來到水上樂園一樣開心，一隻隻跳到池中立馬變成靈活的海豚，

大玩潛水躲貓貓的嬉戲著。洗完澡的鴨仔們又一隻隻上岸，鬼鬼祟祟搖擺走到正在進行拔草工作的我們身旁，像是仔細打量著說：「這位同學，你是哪位？」

哲謙跟著東隆在鴨舍旁撿了一支竹竿，話不多的兩人用行動收集了一些生態池裡的水草想給鴨仔們加菜。不過，大刺刺擋在鴨舍門口的兩人，像是種在那裡的裝置藝術雕像，企圖想用釣魚的方式引誘牠們過來；但鴨仔們似乎不領情，嘀咕不解這兩位怪叔叔有事嗎？好漢不擋路啊！

牠們是一群另類的親善大使，是幫助不擅接觸土地工作的人有一個好玩的開始。起初，設計讓鴨仔們進駐基地，並不是為了要有烤鴨或鴨肉可以吃，目的是讓牠們擔任喜樂小田田的工作夥伴。鴨仔生產的蛋可以供應孩子煮食及食農教學，也提供參與者體驗撿蛋的樂趣。鴨仔們也負責消化生廚餘的任務，資源循環不浪費。而牠們優美的體態及傻呼呼的模樣，更是療癒人心的美學元素。

「來喔來喔，製作鹹鴨蛋囉！」自從突破「零鴨蛋」，鴨仔們仍然持續增產報國中。心恬老師帶孩子收集了二十顆鴨蛋，指導大家就地取材，並且透過紅土、鹽、草木灰等，以古法醃製手作鹹鴨蛋。

　　圓潤的鴨蛋似乎帶給孩子與媽媽們一種幸福感。大家練習合力完成篩土、做泥漿、包裹泥巴等工作，現場熱鬧滾滾的像在市集一樣。

　　「咚……哇！」擔任前鋒的耐力哥哲謙，以身手矯健的功夫立馬讓鴨蛋進洞。媽媽驚呼一聲說：「慢……啊兒子，鴨蛋會破掉。等等……我幫你放，我幫你放……。」

　　小綿羊蒼泳準備把鴨蛋放進甕裡時，因有前人的經驗，蒼泳媽在旁提醒他慢慢放，很怕鴨蛋瞬間變炸蛋。孩子們被提醒後，反應瞬間變得好優雅，好專業。勇氣哥昱筌帶著摸彩的心情慢條斯理護送鴨蛋進甕裡。內在住著老靈魂的東隆像是品管員一樣端倪鴨蛋一會後便滿意的 Pass 過關。廚房第一特助昆峰好像在挖寶，直接把頭埋在甕口，好奇鴨蛋堆了多高。凍未條哥宇軒因為前

晚整夜未眠，以專業的迷濛眼神護送鴨蛋落地後就陣亡了。最後不沾鍋哥俊廷雖然因為觸覺防衛沒動手，不過他仍非常專業的以 45 度角的迷人笑容，全程陪伴大家完成這神聖的任務。

練習是一件有趣的工作，也是一個重要的儀式，需要創造一些機會，營造一個自在的環境供應給我們所在乎的人，並以有趣的方式幫助他們參與其中。

在與小狗和鴨仔的互動中，看見孩子願意自我挑戰及勇於冒險的勇氣，學習與動物之間建立界線、互相尊重、培養情感及友善的關係。在喜樂小田田的日子，讓練習為生活帶來力量。

▌王清惠 ▏ 特殊兒家長、喜樂家族家長會長

我是抱著重新認識未來雙老的規劃，來參加這次的雙老活動。

在這三天兩夜練習營中，七位家長各有不同的背景與特質，但為了孩子和未來都願意放下執著，在喜樂小田田學習改變自己。孩子們從抗拒和不會做，甚至有點害怕中，因著老師們愛的肯定，從不敢碰的到所交代的事都能完成。喜樂小田田是個有愛的家園，期盼有更多喜樂家人能享受和學習，經歷美好，不虛此行。

喜樂小田田的未來藍圖

　　自從 2017 年 6 月啟動籌備喜樂小田田計畫，並在同年 11 月 18 日舉辦第一場活動——喜樂奇雞搬家趣——開始，這一路是實驗性非常強的歷程。這是喜樂家族的喜樂小田田生活實驗基地，也是充滿未來性的心智障礙者（特殊兒）雙老生活示範基地。

　　一路看著喜樂小田田長大，一直陪著我們作夢的黃盛璘老師在一次閒談中逗趣地笑說：「你們的小田田有沒有可能不要限於心智障礙者？我們園藝輔助治療師也很需要雙老家園呢。」

　　在台灣已是高齡化的社會環境中，雙老生活及雙老家園模式是值得我們去建構及開啟想像的。雙老家園服務的可能不僅止於心智障礙族群，它更可能成為未來每個人友善生活的趨勢之一。

「土地不是單純的空間場域，因為它不只是歷史的舞台，也是聆聽上帝話語的地方，更是立約的空間，是錯位的心靈不再流離，而能享有安慰，更新力量、追逐夢想的所在。」——神學家《布魯格曼》。

在這七百多天推動喜樂小田田的日子裡，感謝每一位願意翻越小山來到這塊土地上陪我們作夢的夥伴。這一路走來真的像是作了一場夢，但它卻真實存在著。未來我們仍要帶著雙老練習曲的精神，去一一實踐看似艱難卻是上帝賞賜與應許給祂的孩子們，一份關於土地的禮物。

一起共築未來雙老家園

父母老了，孩子怎麼辦？在成立喜樂家族至今的二十多年歲月裡，我們看見有離不開孩子的爸爸媽媽，也有父母辛苦了一輩子並不希望跟特殊兒繼續生活下去，更不願意拖累手足。

「雙老家園」的生活會是什麼模樣？這會是一個讓年老父母很放心的地方。在這裡不但有同伴，也有老伴；同伴是孩子熟悉的人（或同樣是特殊兒），老伴是其他的父母們，大家生活在一起並且練習慢慢變老。在這個家園裡會很熱鬧，不用害怕

沒人陪伴、沒有事情做，或甚至孤單等著變老。如同我們在雙老練習曲活動中所倡議的五大理念一樣；一起練習與孩子慢慢變老、一起練習1＋1誕生一個不孤單的家、一起練習在日常農作發現不凡的自己、一起練習一起共好、一起練習帶孩子跨出舒適圈。

　　在這個家園裡，還可以找到屬於自己能夠貢獻的方式；小從撿拾鴨雞蛋、種植農作、作物收成、產品包裝或協力販售。大從管理農場、照顧家禽、管理廚務、學習烤麵包、環境維持、活動教學等。其實能做什麼就做什麼，人人可以相互合作也彼此扶持。這是以石碇山區的家園為例，工作內容可依據未來各個家園實際的運作模式進行分工。

　　輕度的特殊兒可以協助中度的，中度的可以扶持重度的同伴，孩子們之間會自然形成一份友愛的驅動力，幫助彼此獲得成就感，一起共好。就像唐寶寶力心可以激勵自閉兒楷博喜歡上挖土，也讓他安心挖土。沒有什麼口語能力的哲維雖然是重度唐寶寶，對工作的續航力卻沒人可以跟他比。過動版的唐寶寶宇軒對於很多事處於高昂狀態，卻在學習土灶起火、在

耕種上找到極大樂趣，用他渾然天成的喜感療癒了大家。

社區巡迴影像
故事紀錄座談

推動的第一年，也是鍛鍊的一年。面對陌生的山區環境、人的磨合及方向調整等，許多經驗都是歷經追趕跑跳碰摸索而來。用一年把膽識與勇氣鍛鍊起來，這是上帝給孩子的磨練，也預備著我們可以更堅定與永續邁入第二年。

兩年的時日，像是為信心打地基一樣，也讓我們更貼近看見原本在舒適圈的家長與孩子們，透過雙手翻轉自己的生活，也展現特殊兒豐富的生命經驗。因此，我們將這一路的深刻與感動，計畫在不久的未來製作成一部紀錄片，希望透過一連串的社區巡迴影像故事座談，帶領親子走入社區（街區）角落，藉助影像的力量與更多人分享、對話、傳遞他們與土地共創的特別經歷。

一個體驗過生活的培力小聚落

經歷過農村生活的人，一定能夠深刻體會日出而作日落而息的生活。即便只是幾戶人家的小聚落，卻可以有靠山吃山、自己耕作、左鄰右舍彼此關心分享生活的能力。這張堅韌的生活網絡是透過日積月累的生活感而形成的能力，值得未來雙老家園生活模式的建構。

　　未來喜樂小田田也將試圖推動不同形式的短、中、長期培力體驗過生活的活動。提供更多特殊兒家庭、社福機構及一般大眾更多共學的機會。

　　「營造設計良好的聚落，比經營其他事業更為重要。」——澳洲生態學家比爾・墨利森（*Bill Mollison*）。

如今，漫步在喜樂小田田基地裡，那座落在轉角的柴燒麵包窯、藝術傳統土灶、冬暖夏涼的土椅子、充滿溫度的土牆，以及可以讓家人聚在一起揮灑廚藝的美味料理台等，都是自我實現的里程碑。這一路，我們看見孩子與大人並肩合作，一起運土，一起滾動石頭，一起踩泥巴，也一起用土灶煮午飯，像是馬拉松式的接力，一點一滴累積美好的共創經驗。

　　用愛一起灌溉這塊喜樂的小田田，從能力所及之處開始，就像牆上黑板上寫的那句話：「不用很強才開始，只要開始，就會變很強」。

心智障礙人士的生活實驗基地

阿樂｜換工夥伴、香港友善土地工作者，2018 年夏

「你明天會再來嗎？」土椅子工作坊結束後一位參加者被問到。

「我想想看。」他猶豫地回答，又補了一句，「這裡太歡樂了。」

覺得這裡歡樂到像童話故事的不只他一人。在這童話故事裡，人人平等共處，人與自然和諧共生。但這童話卻在台北的石碇山上確切地實現，這是喜樂家族的喜樂小田田生活實驗基地。

生命價值的提升

覺得不真實的還有心智障礙的孩子與父母們。他們沒有想過唐寶寶可以拾起大石頭盡情地摔碎，自閉症孩子可以拿起鎚子狠狠地敲碎瓷磚地板。在擁擠的城市怕會傷害到別人，這

些孩子無時無刻在克制自己，但在這石碇山上，父母開放孩子以後，這十多個心智障礙的孩子一個一個變成泥巴人。

「我的兒子從小只要手碰到東西就立即衝去洗手，今天竟然把雙手都插在泥漿水裡一直拌一直拌！」一位自閉症孩子的媽媽這樣子說。

喜樂小田田給予心智障礙孩子的是一份安全感，孩子在大地上投入泥土媽媽溫暖的懷抱。當他們能夠擺脫身體的束縛，敞開心靈，他們可以比誰都更能夠專注和有耐心地把工作完成。

但他們可以付出的絕對不限於庇護工場式的生產力，或裝飾性手工藝品，藝術可以更融入生活，汗水應該為自己而流。喜樂小田田土椅子裡面的石頭、泥土、沙子都有心智障礙孩子的汗水與腳印。喜樂小田田希望以自然建築的方式建造家園，提升心智障礙人士的生命價值，相信他們也可以透過親手建設自己未來的家，啟發蘊藏在心底的創造力。加以引導和協助，心智障礙人士可以為自己的生活而負擔，活出一個屬於自己的生命。

療癒的力量

被震懾的還有身心健全的人。一般人士來參與共建，多帶著幫助弱勢社群的抱負，覺得自己是來陪伴，是來幫忙。但在累透

的工作、獲得了一份莫名其妙的舒壓後，會帶著一個疑問回家：究竟是誰在幫誰？

是什麼驅使我們在勞累的搬土踩土工作中燃起動力？與之相反是，因為什麼在辦公室的工作後熱情退卻？身心健全的人在付出了身體的能量以後，又得到什麼收穫？在與心智障礙人士共同工作和生活裡會看見，人除了身體與思想以外，還有心靈。我們的身體就像車子的軀殼，但真正在駕駛這個軀殼的是裡面的人，也就是我們的靈魂。心智障礙人士也許失去了部分的思想和身體，也因此讓他們的心靈更澄澈。心智障礙人士就像健全人士的天使，他們不假思索直率的行為，他們的發光發亮讓健全的我們被豐盛。

協力共建家園

覺得不可思議還有來自城市的大多數人。「你們在這裡工作有薪水嗎？」在旁工作的水

電工問。明明是在為一群素昧生平的人建設，但為何來的人可以不論報酬又如此愉快地工作？而反觀在城市辦公室裡的我們得到可觀的薪酬後，卻又為朝九晚五的工作感到乏味難熬？在很小的時候，我們在學校就學會「鶴立雞群」這四字成語，老師教我們要與眾不同才能在城市激烈的競爭中存活。我們看見人與人之間連結，只剩上司下屬和同事之間為了利益而合作的關係，同心協力成為老土的陳腔濫調。

在我們快要轉換成沒有情感的機器人前，喜樂小田田提供的是生活的另一種可能。當我們放下以金錢作為唯一的交易工具時，我們看見真正在交換的，其實是時間與技能。我們可以學我們真正喜歡的技能，然後透過自己的專長換取其他技能的成果，或吃的，或穿的。我們可以選擇共生，而非競爭。像前人的生活模式，房子是所有親朋戚友一起蓋的，孩子是全村的老人家照顧和陪伴的。家的形成不是單純的建築硬體。透過現在土椅子土窯，喜樂小田田逐漸在凝聚一群有共同夢想的人，重新建設我們理想中的生活。

也許喜樂小田田要創造的家歡樂到像童話，但如《牧羊少年奇幻之旅》一書中說的：「當你真心想完成一件事情，全世界都會來幫忙。」

與土地共築雙老夢

王明麗 | 喜樂家族志工、特殊兒家長

　　都市人在盛暑的日子要離開舒適冷氣房上山，實在是掙扎，一大早穿著喜樂家族衣服悠悠忽忽地到宣教大樓集合，看到喜樂老師們已經備好桶裝飲用水、一籃籃西瓜、鳳梨與食材要上基地，這才終於清醒過來，我要去參加志工訓練營聚會。

　　車子漸離都市，駛進石碇山區，大自然青翠山景與清涼山風讓悶熱的心情開始沉澱。基地的外觀看來有點荒涼老舊，但門口那與大自然融合的現代設計感門牌「喜樂小田田」，引人想入園一探究竟的好奇心。

　　當背著行李、搬著食材進入基地，一股沁涼的自然舒爽氣息立即澆熄了酷暑的焦慮，首先映入眼簾的就是久聞大名的「土磚長椅」，

自動啟動探索模式，開始動手摸摸、敲敲、用力坐一坐、甚至用臉頰去貼一貼，嗯，天然的尚涼！牆角黑板上寫著斗大的字：「不用很強才開始，只要開始，就會變很強」，對應在職場上講求效率、績效、成本、回報率，首重案件可行性、市場性評估的理念，立即激起心中不小迴響，原來我一直用驕傲自大的眼光去看喜樂孩子能力，還有來自神的愛。

在這濕氣重、不適種植的基地，藉著與大自然融合的建築模式與修復過程，經由具有先天障礙的喜樂兒與社區（社群）志工合力下，完成土磚椅調節基地室內濕氣，建造自然生態池召喚蜻蜓、青蛙與螢火蟲等進駐，藉由土壤特質培育結實累累的南瓜，讓基地生態變得多樣，信手拈來的香草，雖記不得學名，獨特清香的氣息很醒腦，讓人想喝一杯香草茶，享受一下與大自然接觸的浪漫。

漫遊基地時終於親手摸到土窯、土灶，造型外觀完全沒有華麗的裝飾，卻獨具一股與大自然融合的質樸美感。中午喝到利用土灶所熬煮的南瓜濃湯，著實感受到食物所傳達出的愛與暖度。感謝金和哥、平恭老師、心恬老師、月香老師和志工們在酷暑的灶爐邊為我們準備的午餐，最重要是海泙老師介紹的神奇土灶，原來土灶藉由燒柴烹煮食物同時還具有儲熱能的功能。

飽餐過後坐躺在沁涼的土磚椅上消暑小憩一下，開始在土

窯旁動手做「火種」，用麻布袋包著稻殼與稻草，再用小麻繩紮緊，就完成一個最天然的火種。重點不在結果與成效，在於過程中志工與孩子們的體驗，與共同完成手作的參與感。下午甜美的心恬老師為我們介紹藍染，並且運用石碇特產的馬蘭製作染料，體驗收納包藍染的製作過程。我發現喜樂孩子們比志工們更融入手作的快樂，因為大人們會在乎成效如何，糾正孩子要如何作才漂亮、有效率，叮嚀不要弄髒手、衣服⋯⋯，喜樂孩子則在於參與的純粹快樂。

喜樂小田田是將來雙老家園的示範實驗園區，雙老家園意謂大家要生活在一起，社區營

造確實是共同生活的建造起點，藉由投入家園的建造產生對家的認同感與凝聚力，常常一起圍灶話家常更能了解彼此真正的個性與人格特質，經由更多認識與了解產生體諒與包容，更易於將來要彼此互助、相互扶持與合作，共同生活在一起。尤其看到小美女力心隨時拿著拖把在清理廁所地板的腳印時，真的感受到力心把喜樂小田田當成自己的家一樣了。

在喜樂小田田看到了社區營造、植物療育與運用自然建築技術的各項專業投入，在回饋時間，許多志工的心得是感謝「前人種樹」，我們這些後人才可以「乘涼」，後續建造雙老家園需要更多的專業與技術，而每個人在每個或某個階段都可以是那位讓別人享受乘涼的「前人」。「雙老家園」可能不是每一個人都等得到、或許也不是每一個人都想要的，但喜樂的孩子們與志工們確實得到了一個最友善的生態體驗環境與凝聚共識的示範家園。

特別收錄 ❸

練習走出舒適圈

彭秀麗 | 喜樂家族志工、特殊兒家長

　　起初報名參加小田田的雙老練習曲，是覺得我們的基金會花了這麼多錢辦這個活動，但是參加的人卻不踴躍，所以我覺得自己應該自告奮勇一下。

　　活動的前一天，收拾行李時有一點後悔，因為寒流來襲，天冷得帶齊棉被、睡袋和一堆厚重衣服。女兒笑著說，媽媽跟哥哥好像要出國旅遊。雖然打包了很多東西，仍怕少帶了什麼，上山之後會不方便，心裡有一點慌亂。

　　星期五是忙碌的一天，早上上課前先把一些行李先拿到樂活，中午下課後再趕回家放好上課工具，拿了備好的食物和一些零星東西，又出門到教會集合，搭車上山。

一到山上，我們馬上開始準備第一天的晚餐。這時候才發現每位媽媽真是預備豐富，清惠姐的車子後車廂裝著滿滿的食物，需要用手推車來幫忙裝載。這次活動總共有 25 人，但大家準備的食物卻足夠餵飽 50 個人了。

所謂的合作，就是不計較工作的種類、自動自發地加入需要人手之處。大人和助教們帶著還不太習慣的孩子們幫忙剝蒜頭、幫蔬果削皮、切塊。雖然我喜歡煮菜，但是我的手碰多了水或清潔劑就會過敏，就去幫忙掃地。晚餐以清淡的蔬食為主，感覺像是把未來三天該攝取的蔬菜量吃掉三分之二了。

第一晚，大人和孩子們都還在努力適應環境；像是睡覺問題，我沒有睡過上下舖的薄木板床，一躺下身體就在木板上滑來滑去；蒼泳也是，他無法入睡，我也沒有辦法睡；到了兩點多，我們兩個仍輾轉難眠，後來才迷糊地睡著。第二天，我一早醒來，看看時鐘還不到 6:30，眼睛仍睜不開，但又不想躺在硬硬的木板床上，就起床梳洗到樓下走一走。上山之前，我就告訴自己在山上時不要滑手機，要盡情地享受這次活動，所以我把手機留在寢室，只有在第一天早上跟哈利自拍了一張像。

蒼泳睡不好，隔天早上的心情自然很不美麗，他不想吃飯只想睡覺，於是就給他點時間緩和心情。我能體會他只睡了三、四個鐘頭的疲累感。和大家一起用過早餐，喝了提神的咖啡和吃甜點後，這個美麗的早晨課程就開始了。蒼泳也終於甦醒過

來，加入進行的活動，不管是拔草或是搬土，他都非常盡力。

蒼泳對他自己沒做過的事會比較沒信心，雖然之前樂活班曾到小田田上課，但時間很短學員比較多，每個人只需要操作片段的事。這次的雙老練習曲讓他有機會慢慢完整地做一整件事，讓他投入，更有成就感。聽到土灶那端傳來大家對蒼泳的讚美聲，他認真地幫忙生火，面對熊熊的火焰都沒退縮，那專注的神情讓我很意外。我們父母有時因為太了解自己的孩子而會預設情況，這也設限了孩子的嘗試機會，但經由其他家長志工、老師的帶領、孩子沒有面對父母壓力和依賴心，表現出來的成果反而是超乎想像。蒼泳從來沒有生火的經驗，卻可在老師的指導下做得這麼認真，柴火的煙燻出了滿臉的淚水，他抹抹臉，這隻小花貓依然堅守崗位。

這次活動中，我努力調慢自己的速度，但不時仍會控制不住突然又啟動了平常的快速模式。工作中，我看到其他的媽媽跟孩子的互動，有些媽媽很緊張自己的孩子不太勞動，不像別的孩子這麼勤勞，就會焦慮；或是擔憂孩子太過動，達到破壞的狀態會很緊張。這些焦慮、緊張也許在我身上都有，但是我自己察覺不到，別人的行為可讓我提醒自己動作慢下來，讓自己的眼睛睜更大、讓自己的心更開、可以看到更多、聽到更多、體會到更多。

　　最後一天的活動結束前，海泙老師帶我們做心靈的回顧，對自己的人生從出生到現在的回顧。以前我常常會想，為什麼不好的事情會落在我的身上，不是在別人的身上？聽著大家分享各自的前段人生，讓我覺醒自己是很幸福的。上帝給每個人不同的人生體驗，每個人的十字架都不一樣，但天父給我們的愛都是夠用的。

　　感謝現在的喜樂家族大家庭，以前的受傷點滴是經驗，未來的喜樂才是我們的目標。期待我們的練習曲一步一步揭開喜樂終老農場的大門。

喜　樂
溫度計

每個孩子都是天使，只是他
們以不同的姿態降臨在我們
身邊，或許我們需要更多的
時間、更多的耐心、更多的
堅強去陪伴他們，但有喜樂
家族在，愛永遠不孤單。

喜樂小田田

Joyful Farmers

教授爸爸和唐寶寶

文｜陳誠亮

面對未知的四十二天

我是一位大學教授，我的孩子小彥是唐寶寶，今年三十二歲。

1988 年，小彥剛出生幾小時，就被緊急轉送教學醫院的新生兒加護病房。

第一次當爸爸的我，對眼前情況一無所知。病床上，小小的孩子張著嘴巴卻沒力氣哭，也沒力氣喝奶。我心中打了無數個大問號，這孩子究竟是怎麼了？期間沒有一位醫生願意跟我多做說明，後來是一位護士說漏嘴，吐出疑是「唐氏症」三個字。

過去，「唐氏症」只是記憶中一個遙遠的醫學名詞，我從來沒想過會與我有關係。剛巧一位朋友來看小彥，聽到小彥「疑是」唐氏症寶寶，馬上安慰我：「不會啦，唐氏症很可怕。」

我聽了覺得更雪上加霜，因為「萬一」是唐氏症，不就很可怕嗎？我不敢讓太太和家人擔憂，獨自守著這個祕密，並抱著一點點希望，期盼一切只是一場誤會。

等待的日子顯得如此漫長。第四十二天，醫院的電話來了！確診小彥為「唐氏症」。

「為什麼會是我？」我還拿著話筒，就忍不住放聲大哭。

這是長久以來，我第一次流淚。

從此以後，我和家人必須要踏上一條從未想過，也一無所知的道路。

家人，是唐寶寶最重要的保護者

我和家人很快就面對現實，這孩子需要很多人的協助才能順利成長。

第一個幫助者，就是我的媽媽。「不要在小孩子面前哭，小孩是有智慧的。」我的媽媽沒多說一句話，只是盡心盡力照顧孫子。雖然她不識字，卻非常有智慧，全然的接納和愛這個孫子。而印象中，我的太太也沒有在我們面前哭過。

三十年前，對台灣來說，唐氏症還是一個相對陌生的疾病，沒有早療、沒有特教、沒有就業輔導……環境和資訊都很貧乏。小彥確診後，我去台大醫院掛號，希望更了解這個病症，以及如何治療？

教授給的答案卻是：「沒有辦法。」

　　這個答案令人無奈，對未來的無知，不可避免產生許多疑惑。

　　當時台大有個唐氏症家長團體（唐氏症基金會的前身），每兩個月聚會上課一次。其中有位家長打電話給我，「我家的唐寶寶很貼心、很聽話，還會幫我拿拖鞋、倒茶、只是偶爾不小心會被燙傷，平常只要多注意他消化功能較弱的問題就好。」

　　這位家長的話真實地安慰了我，他沒有美化事實，但帶我看見其中正面和優點的部分。因為有人走過這條路，有真實的例子可參考，就不須過度恐懼。同樣一條路，就算路上有些石頭、荊棘，但絕不是走不過去；就算會竄出獅子、猛虎，但也會遇見可愛的小兔子、小鹿。因此之故，我也很熱心

打電話給其他的父母，扮演這個「過來人」角色。

我的孩子拉著我往前跑

時間證明，小彥的確是我家的「糖寶寶」，一個可愛、善良、貼心的孩子。他喜歡模仿，我看報紙時，他會裝模作樣地拿一本書來看；妹妹練習打鼓或跳舞時，他也一定要跟著唱唱跳跳。

照顧特殊兒有許多實際的需要，包含龐大的醫療費用、各項復健和早療課程等，若是沒有政府和社會的支持，極有可能拖垮一整個家庭。因此家長們必須一起站出來，為孩子爭取更好的環境，包含法律、政策、預算等各方面的需求。我們家長聚集在一起，不只是相互取暖，更是為未來計畫和準備。

早年資源匱乏，家長幾乎是一邊摸索一邊跑——哪兒有新觀念或新資訊就會想辦法學習和吸收，我的經驗也是如此。

有一次我參加一個唐氏症座談會，有人請我會後留下來五分鐘談一談，結果這一留，就留下二十五年，和其他家長一起成立協會，一起奔走遊說相關單位，陸續推動「早期療育」、「特殊教育」、「臨托服務」、「就業輔導」、「社區型機構」等重大政策。真是不可思議！在我們的呼籲下，這些重大的觀念和制度一步步落實在台灣各個角落，成為現在標準的社會福利。

回過頭來看，我一路跟著小彥成長的蹤跡，走上一條新的道路，就好像被小彥拉著跑似地，湧出一股捨我其誰的動力，

願意為我的孩子和別的孩子，以及有需要的家庭尋找更好、更大、更多元的資源和可能性。

而小彥自然也成了這一路上的最佳夥伴，簡稱「小白老鼠」。以「早期療育」為例，為了讓相關單位了解早療的效果，除了留日專家的示範，還需要實驗對象，於是我讓小彥和妹妹（療育員培訓）一起加入受訓。其實我心中很忐忑，小彥有很強的觸覺防衛，從小不喜歡刷牙、剪指甲、剪頭髮、踩草地等動作，尤其排斥剪頭髮，有次在家剪髮，出動四個大人拉著也拉不住他。

剛開始實驗時，小彥只要一被人碰觸，雖然乖乖的不敢動，卻像小媳婦一樣眼淚一滴一滴掉下來，看了真令人心疼，但經過一年的訓練，早療就有了明顯的成效。這個結果讓主管單位開始正視「早期治療」的療效，轉而領頭在政策和經費上投入大量資源，成為最重要的社會福利之一，幫助很多家庭和孩子。

台大第一個靠兒子升等的教授

雖然小彥的出生，讓我的人生好像轉了一

個彎，多了一些負擔，例如無法長期出國訪問或進修，但也發現許多祝福從他而來。例如在我的教授升等報告時，評委對我的學術研究似乎興趣不大，反倒是院長很關心我擔任義工的情形。系主任對我說：「聽了院長溫柔的口氣，就知道你一定可以升等！」直到現在，還有職員開玩笑說，陳誠亮是全台灣大學唯一靠兒子升等的教授。

另外，我一直在「智障者家長總會」擔任義工，並接下第九屆理事長的棒子，從家長角度推動各項長遠規劃和研究，包含財產信託等法律問題；我也長期受教育局邀請擔任鑑定輔導委員會家長代表……這些事情都相當費時費力，也影響了我部分的學術研究工作，卻讓我發現自己還能為社會及孩子們貢獻一點心力，感到心滿意足，如同聖經所說「施比受更為有福」。

幸福在最微小的地方閃閃發亮

回想起來，最辛苦的時候都已過去了。我常常和小彥出門散步。有一次，有位同事告訴我，他在路上看到我和小彥在街角等紅綠燈，小彥靠在我的身上，親密的父子身影讓他感動不已，還莫名的流淚。

我其實不好意思告訴他，小彥八成是想偷偷靠著我的衣襟擦汗而已。但即使是這樣小小依賴，或是小彥淺淺的微笑……常常都讓我心裡微微一動。當然生活還是有小挫折。前些日子

發生一件讓我隱隱作痛的事，小彥得了羅洛病毒，腸胃不太好。他吃稀飯時，嘔吐在碗裡，雖然只有短短的距離，但我還來不及處理，就看著他把吐在碗裡的食物又吞回去。懊惱之餘，現實再次提醒我：不管小彥年紀多大，他永遠還是需要照顧的大小孩。

期待不久，我們的社會福利和長照政策，不論是大型安養機構或社區化支持性機構等均能更加完備，並且多樣化，提供給家長及孩子最佳的選擇和支持。

我的孩子也許可以得到很好的照顧，但還有許多孩子和家長有缺乏、有需要，讓我們一起努力和時間賽跑，打造友善友愛的家庭、社會和國家。

我們，並不是孤獨的！

女兒的婚紗照

文｜吳淑惠

我的女兒是極重度智障者，今年五十多歲了，我照顧她長達了半個世紀。她對周遭事物都沒有太多反應，非常安靜，有時讓人感覺不到她的存在。她的口語欠缺，發音只有單音或兩音，如「要」或「不要」。從她出生到現在，我一直奢望她能夠向我講出一句完整的話，但期望都落空。以前我傻傻的等，以為是「大隻雞慢啼」，直到她滿兩歲，我們才警覺其嚴重性。在那個年代，沒有早療的學校，白天我去上班，她只得窩在家裡與外婆在一起，無法接受正規的教育，令我內心十分愧疚。我也體認她是我肩上無法放下的責任，為了照顧她，每天工作十分努力。

由於她無法言語，沒有人摸得透她的情緒，她經常不明所以的哭鬧，或尖聲喊叫，往往引來鄰居圍觀。我只得帶她到外面散散心，去中正紀念堂、國父紀念館、大安森林公園……讓她在空曠的廣場或遊樂場，抒發她的情緒。

　　有一次我們從住家一路散步到市中心，涼風吹拂，路人熙來攘往，我倆手牽手悠遊於商店街。突然間，她滿臉笑容，興奮地指着櫥窗裡展示的婚紗說「漂亮」、「穿」，原來我們逛到了婚紗店。長期照護著她，也只有我才知道，她含含糊糊地是在說「新娘穿戴的漂亮」。我拉她離開，她却不肯走，拉扯之間，老闆娘

發現了我們，老闆娘拉着我女兒進到店裡，說要讓她試穿婚紗，並向我表示時下好多未婚少女來拍「寫真集」，要我給她拍張新娘捧花照。

從挑婚紗、化妝、作頭髮、拍照，每個過程都讓她很過癮。衣服穿了不願脫掉，我們就這樣在婚紗店耗了很多時間。想著女兒的未來，或許沒緣結婚了，我淚水盈眶。後來這張相片就一直掛在她的臥室牆壁上，她只要看見便喜形於色，開心得不得了。自拍了婚紗照後，她就很愛穿有蕾絲或亮片的衣服，一有不愉快，我便帶她去買衣服，或幫她裝扮得漂漂亮亮，在家時就陪她看看婚紗照，甚至當她要哭鬧時，用穿亮麗衣服這一招，就擺平了她的情緒。

女兒的需求不多，也很乖順，當年拍的這幀「婚紗照」，真是值得紀念的無價之寶。現在我和她都已步入老年，在共同淘洗的歲月，她已很少鬧情緒，即便有，看到婚紗照也改憂為笑了。

她是我的老來伴，是我出門的拐杖，家中有她增添了更多熱絡，有時我默默凝視著她，思緒縈繞，是我在照顧她，抑或她在照顧我呢。但可以肯定的是因著她的身障，我才加倍的努力工作和生活，她是用另類的方式推動著我，不斷向前，以前我覺得她是我的累贅，現在覺得她是化了妝的祝福。

——本文轉載自文薈獎文學類得獎作品專輯《原來，那就是愛》

選擇相信，人生峰迴路轉

文｜唐翰文

　　他潛藏微笑，遇到人略帶靦腆的表情，說起話來沒有抑揚頓挫，若沒常和他說話，可能一時間不懂他說些什麼。他通常都會問些不著邊際的問題，幾乎都是活在自己的世界裡。「他」是我們家老大，嚴格說他是腦性麻痺，行為反應像個自閉症的小孩，有自己所偏執的專注與執著。

　　想當初他的出生是千鈞一髮的，僥倖地在一場劫難中活存下來，足見他旺盛與堅韌的生命力，讓身為人父的我更加疼惜。他的生母因為羊水栓塞來不及見他一面就撒手西歸，他是

在醫生的巧手下緊急剖腹來到人世，卻也遺憾那足以致命的缺氧二十七分鐘讓他的腦神經受傷，而致終身抱憾。我就這樣在驚惶失措中成為一個單親爸爸迎接他的到來。

他在保溫箱待了一個月，三歲時就到第一兒童發展中心報到，開始了早期療育一系列的療程。為人父者不敢對他抱持太大的期望，哪怕是一點點、一絲絲的進步都是一個莫大的鼓勵。我們懂得任何太高的期望都是奢侈的，只有堅強面對，讓他迎接陽光走進人群，才是最大的鼓勵。就這樣跌跌撞撞地亦步亦趨帶著他跟著特教系統，在大家的加油聲中，愈挫愈勇中的成長。

　　他很幸運地不像一般的腦麻病患，外表看起來還是行動自如的，運動神經未見很大的傷害，但上天還是奪走了他語言的功能，讓他的表達與對人溝通更顯吃力，智力也受到影響……已不太記得當初那段艱難日子是怎麼渡過的。就在這辛苦的成長過程中，我總算又重新建立一個家庭，他有了新媽媽和妹妹與弟弟的加入，我們一家就在鼓勵聲中陪著他一天天地長大。

　　我跟其他身障兒父母有著相同的憂慮，最常思考的還是他的未來，我的年紀漸長終究無法陪他過一輩子，台灣在這方面的社會福利顯然沒有先進國家有著高稅額的收入提供完善福利政策讓父母無後顧之憂。初期的十二年國教讓家長歇一口氣去慢慢思索這問題，雖然他的學習時有進步，但要到能順理成章地在高中畢業後進入職場，還是有段路要走。反過來說，也許讓他快快樂樂的、沒有設定期限的進入一個新的機構，再慢慢地學習也未嘗不是一條康莊大道。

　　在「樂活補給站」，我想像他好像是高中畢業進了一所大學

一般，我們也是經過老師的口試面試，確定他能適應新的團體生活，有非常充裕的時間準備。初期他就選了所有的課程，星期一到星期五的早上九點到下午四點；像似大一新生選了所有的必修課程，每天快快樂樂的到學校上課，有植栽、烹飪課、體育活動、有卡拉 OK，還有戶外教學，這種學習的生活對他再充實不過了。星期天參加喜樂家族的打擊樂活動，更多的同學及家長都有參與，好似一個大家庭。平常日為了工作外出打拼，一到了星期天的喜樂園地，所有的成員和陪同家長都回來報到了，大家噓寒問暖，互相加油打氣，一起禱告唱聖歌，充飽了精神，隔天回到各人的崗位又是條精力旺盛的好漢。

來到樂活學習之後，我雖然因工作的關係不常參與他的活動，但從他日常表達的口語中發現了他的一些變化，例如他會突然問「爸爸不見了怎麼辦？」、「媽媽不見了怎麼辦？」、「我可以自己搭公車嗎？」、

「我可以去照顧爺爺嗎？」等問題。我發現他潛在性思考方式有受到外界的刺激而提升，但也升高了長期的依賴性所產生的焦慮。我會細問他，要他背記爸爸及媽媽的手機號碼，教他萬一走失怎麼跟警察先生說，同時他也激起了獨立的欲望，想要自己搭公車，甚至去鄉下照顧高齡的爺爺。這些都是很好的徵象，相信都是老師以及志工們所努力的成果。

我很喜歡喜樂家族年初在國父紀念館表演的主題「當你相信」，只有「相信」，才會形成一種力量，才會有主動的施予與付出。這也同時鼓勵了我，未來還有很長的路要走，就像電影《埃及王子》主題曲中的歌詞：「There can be miracles when you believe. .....Though hope is frail, it's hard to kill.....」尤其是第二句的提示，希望雖然是卑微，只要「相信」是不會被抹滅的。

一年多前，我讓他在靈糧山莊接受了洗禮，選擇相信耶穌，接受上帝的祝福。也許他不是很懂得受洗的意義，為人家長的我，總希望有股神聖力量在保護和祝福孩子。那天我們全家都到了現場，然而最令人感動的，反而是他的同學、家長還有老師也都來參加他的受洗典禮。這時我才真正發現原來這股神聖的力量可以是很平凡的來自教友的關心與祝福。

我兒子在來到喜樂家族之前也待過許多特教機構，喜樂家族給人感覺比較特殊的是多了一股宗教力量，這股力量像是從上帝的愛中源源不絕地灌輸到機構裡，讓人感受到特別的溫馨

2018年12月唐谷
受洗與爸爸合照。

與平易近人。尤其是看到志工們和愛心阿姨們無條件的付出，從不要求回饋，讓人格外感動。他高中畢業後，我帶著他來到喜樂機構已經有一年多，唯一讓我比較汗顏的，因為要工作和照顧兩個念小學的孩子，參與的時間少一些，但這也敦促著我還要再努力。

感謝讓我有這個機會第一次在《靈糧週報》裡發表感言，從他的出生到現在，經過歲月的風風雨雨及時間的稀釋與沉澱，我漸漸地學會調適自己，過程中我又重新建立一個新家庭。也許這對別人來說是再平凡不過的事，但對我而言，那背後意義就格外深重，中間的辛苦過程不是一般人所能了解的，我依然相信這輩子帶著他還是幸福的，只是在走到平坦大道前，總是要經歷過坎坷路程。想說的是，這絕對不是句點，而是一個開始，我還是選擇「相信」，未來都在我的期待中進步。

——本文轉載自《靈糧週報》

國家圖書館出版品預行編目資料

與土地共築雙老夢：孵一塊喜樂的小田田 / 喜
樂家族基金會著. -- 初版. -- 臺北市：商周出
版：家庭傳媒城邦分公司發行, 2020.05
　　面；　公分. -- (View point；102)
　　ISBN 978-986-477-845-4(平裝)

1.特殊兒童教育 2.生活指導 3.通俗作品

529.6　　　　　　　　　　　109006194

View point 102

與土地共築雙老夢：孵一塊喜樂的小田田

作　　　者／喜樂家族基金會
文 字 撰 寫／江海泙（主筆）、朱莉亞、張蓮娣
攝　　　影／江海泙、李京蔚、李香瑩、活水文化事業（P19、P44）、翁青梧、高振銘、陳心恬、鄭麗修
內 文 插 畫／許雅琪
企 畫 選 書／彭子宸
責 任 編 輯／彭子宸

版　　　權／黃淑敏、翁靜如、吳亭儀
行 銷 業 務／莊英傑、周佑潔、張媖茜、黃崇華
總 編 輯／黃靖卉
總 經 理／彭之琬
事業群總經理／黃淑貞
發 行 人／何飛鵬
法 律 顧 問／元禾法律事務所王子文律師
出　　　版／商周出版
　　　　　　台北市 104 民生東路二段 141 號 9 樓
　　　　　　電話：(02) 25007008　傳真：(02)25007759
　　　　　　E-mail：bwp.service@cite.com.tw
發　　　行／英屬蓋曼群島商家庭傳媒股份有限公司城邦分公司
　　　　　　台北市中山區民生東路二段 141 號 2 樓
　　　　　　書虫客服服務專線：02-25007718；25007719
　　　　　　服務時間：週一至週五上午 09:30-12:00；下午 13:30-17:00
　　　　　　24 小時傳真專線：02-25001990；25001991
　　　　　　劃撥帳號：19863813；戶名：書虫股份有限公司
　　　　　　讀者服務信箱：service@readingclub.com.tw
　　　　　　城邦讀書花園 www.cite.com.tw
香港發行所／城邦（香港）出版集團
　　　　　　香港灣仔駱克道 193 號 _ E-mail：hkcite@biznetvigator.com
　　　　　　電話：(852) 25086231　傳真：(852) 25789337
馬新發行所／城邦（馬新）出版集團【Cite (M) Sdn Bhd】
　　　　　　41, Jalan Radin Anum, Bandar Baru Sri Petaling, 57000 Kuala Lumpur, Malaysia.
　　　　　　電話：(603) 90578822　傳真：(603) 90576622

封 面 設 計／張燕儀
排 版 設 計／林曉涵
印　　　刷／中原造像股份有限公司
經 銷 商／聯合發行股份有限公司
　　　　　　新北市 231 新店區寶橋路 235 巷 6 弄 6 號 2 樓　電話：(02) 2917-8022　傳真：(02)2911-0053

■ 2020 年 5 月 26 日　初版　　　　　　　　　　　　　　　　Printed in Taiwan
■ 2020 年 6 月 17 日　初版 2 刷
定價 350 元

城邦讀書花園
www.cite.com.tw

104　台北市民生東路二段141號2樓

英屬蓋曼群島商家庭傳媒股份有限公司城邦分公司　收

請沿虛線對摺，謝謝！

書號：BU3102	書名：與土地共築雙老夢	編碼：

 商周出版

讀者回函卡

感謝您購買我們出版的書籍！請費心填寫此回函
卡，我們將不定期寄上城邦集團最新的出版訊息。

不定期好禮相贈！
立即加入：商周出版
Facebook 粉絲團

姓名：＿＿＿＿＿＿＿＿＿＿＿＿＿＿＿＿＿＿＿＿ 性別：□男 □女

生日：西元＿＿＿＿＿＿年＿＿＿＿＿＿月＿＿＿＿＿＿日

地址：＿＿＿＿＿＿＿＿＿＿＿＿＿＿＿＿＿＿＿＿＿＿＿＿＿＿＿

聯絡電話：＿＿＿＿＿＿＿＿＿＿ 傳真：＿＿＿＿＿＿＿＿＿

E-mail：

學歷： □ 1. 小學 □ 2. 國中 □ 3. 高中 □ 4. 大學 □ 5. 研究所以上

職業： □ 1. 學生 □ 2. 軍公教 □ 3. 服務 □ 4. 金融 □ 5. 製造 □ 6. 資訊

□ 7. 傳播 □ 8. 自由業 □ 9. 農漁牧 □ 10. 家管 □ 11. 退休

□ 12. 其他＿＿＿＿＿＿＿＿＿＿＿＿＿＿＿＿＿＿＿＿＿

您從何種方式得知本書消息？

□ 1. 書店 □ 2. 網路 □ 3. 報紙 □ 4. 雜誌 □ 5. 廣播 □ 6. 電視

□ 7. 親友推薦 □ 8. 其他＿＿＿＿＿＿＿＿＿＿＿＿＿＿

您通常以何種方式購書？

□ 1. 書店 □ 2. 網路 □ 3. 傳真訂購 □ 4. 郵局劃撥 □ 5. 其他＿＿＿

您喜歡閱讀那些類別的書籍？

□ 1. 財經商業 □ 2. 自然科學 □ 3. 歷史 □ 4. 法律 □ 5. 文學

□ 6. 休閒旅遊 □ 7. 小說 □ 8. 人物傳記 □ 9. 生活、勵志 □ 10. 其他

對我們的建議：＿＿＿＿＿＿＿＿＿＿＿＿＿＿＿＿＿＿＿＿＿

＿＿＿＿＿＿＿＿＿＿＿＿＿＿＿＿＿＿＿＿＿＿＿＿＿＿＿＿＿＿＿

＿＿＿＿＿＿＿＿＿＿＿＿＿＿＿＿＿＿＿＿＿＿＿＿＿＿＿＿＿＿＿